아이에게 배우는 아빠

믿음이란 한 알의 밀알이 땅에 떨어져 죽음으로 많은 열매를 맺음과 같이 진리의
열매를 위하여 스스로 죽는 것을 뜻합니다. 눈으로 볼 수는 없으나 영원히 살아 있는
진리와 목숨을 맞바꾸는 자들을 우리는 믿는 이라고 부릅니다.
「믿음의 글들」은 평생, 혹은 가장 귀한 순간에 진리를 위하여 죽거나 죽기를 결단하는
참 믿는 이들의, 참 믿는 이들을 위한, 참 믿음의 글들입니다.

아이에게 배우는 아빠
이재철

홍
성
사.

아이의 일거수일투족에는

주님의 음성이

들어 있다.

일러두기

이 책은 〈아이에게 배우는 아빠〉 특별판(2014)의 오탈자를 바로잡고 표지를 개정하여 내는 것입니다.

오늘도 거울들 앞에서

하나님께서 제게 첫 아들을 주신 것은, 제가
우리 나이로 서른일곱 살 되던 해의 봄이었습니다. 곧
제가 신대원 1학년으로 새 삶을 시작하던 해
3월―그러니까 입학한 바로 그 달이었습니다.
그리고 제가 마흔세 살이 되기까지 하나님께서는
세 명의 아들들을 더 주셨습니다. 말하자면
아이를 얻음과 동시에 제 영성의 삶이 시작되었고,
아이들과 더불어 제 영성의 우물이 깊어진 셈이었습니다.
만약 아이들이 없었던들, 결코 얻을 수 없는 풍성한
영적 은혜였습니다.

이런 의미에서 아이들은 하나님께서 제게 붙여 주신
귀한 선생님들이었습니다. 그들의 일거수일투족, 말
한 마디 한 마디마다 저를 향한 주님의 음성이 들어
있었습니다.

때로는 질책, 때로는 격려하시면서 진리를 일깨워
주시는 주님의 음성 말입니다. 동시에 아이들은
저를 비추어 주는 맑은 거울들이었습니다.
저는 하나님과 사람들 앞에서의 제 모습을 그 거울들에
비추어 보면서, 저 자신을 바르게 추스를 수 있었습니다.
하나님께서 주신 이 귀한 선생님들과 거울들이
아니었더라면, 오늘의 저는 필경 오늘의 제가 아닐
것입니다.

그렇기에 새로이 엮어진 이 책을 받으실 분은 응당 우리
주님이십니다. 네 아들들과 그들의 엄마를 제 곁에 있게
하신 하나님께 감사드리면서, 오늘도 저는 그 거울들
앞에 섭니다.

날마다 아이들에게 배우는 아빠, 아빠다운 아빠가 되기
위해서 말입니다.

2001년 5월

스위스 제네바에서

이재철

87년부터 여기에 수록된 글들을 매달 쓰면서,
이 글들이 이렇듯 책으로 엮어지리라고는 상상치도
못하였습니다. 단지 〈믿음의 글들〉 선교 회원들을 위한
회보에, 삶을 통하여 느끼고 배운 바를 한 달에 한 번씩
썼을 뿐입니다.

제게는 참 많은 스승들이 있습니다. 하늘과 땅
사이에 있는 모든 것, 모든 분들이 다 제게는 소중한
스승들입니다. 자연과의 부딪침, 그리고 사람과의 만남을
통하여 제 사고의 길이, 인식의 넓이, 신앙의 경지는 계속
확장될 수 있었습니다. 그 기록들이 바로 여기에 수록된

글들입니다.

아이들이 태어나고, 자라고, 또 아이들의 숫자가
늘어나기 시작하면서, 저는 그 동안 그 어디 그
누구에게도 배울 수 없었던, 참으로 많은 것들을
아이들에게서 배우게 되었습니다. 아이들은 창세기인
동시에 시편이요 잠언이었으며, 또한 복음서인 동시에
계시록이었습니다. 아이들은 지금의 제 모습이자
또 제가 추구해야 할 미래의 제 모습이기도 했습니다.
그러다 보니 세월이 흘러가면서 자연스럽게 아이들에
대한 글이 많아지게 되었고, 그것이 바로 홍성가족들의
권유에 따라 '아이에게 배우는 목사 아빠'란 제목으로
이 책이 발간된 까닭입니다.

전혀 본의 아니게 출간된 이 책을 통하여 단 한
사람이라도 아이들의 참된 가치를 발견하고, '아이는
어른의 아버지'란 워즈워드의 말에 진심으로 동의케
된다면, 글쓴이로서 그보다 더 큰 기쁨과 영광은 없을
것입니다.

이 책의 동기가 되어준 사랑하는 가족들에게 감사하며,
무엇보다도 하나님께 영광을 돌립니다.

차례

01 시간 좀 내주실 수 있으세요?

02 이것만으로도 족합니다

03 애들이 안 본다구요?

04 목사님 맞아요?

01

시간 좀 내주실 수
있으세요?

승국이와 빗자루

봄이 되어 아내가 대청소를 하고 있습니다. 아직 두 살도
안 된 막내는 무엇이 그리도 좋은지 신이 나서 엄마 뒤를
쫓아다닙니다. 먼지를 턴 다음 비질을 하는 엄마에게
승국이는 자기도 하겠다는 시늉을 합니다. 엄마가 비 한
자루를 건네주자 엄마 곁에서 함께 비질을 시작합니다.
잠시 후 승국이는 엄마 빗자루와 자기 것을 바꾸자고,
그러기를 몇 번이나 계속합니다. 엄마에 비해 자기의
비질이 서툰 원인이 빗자루에 있다고 생각하는 승국이는,
계속하여 엄마의 것과 바꾸자는 것입니다. 엄마의 손에
있는 빗자루가 자꾸만 더 좋아 보이기 때문입니다.

문제의 원인이 자기의 부족함에 있음을 아직 깨닫지
못한 승국이로서는 당연한 일이었습니다.

아니, 그것은 바로 저 자신의 모습이었습니다. 저는
승국이보다 20배가 넘는 더 긴 세월을 살아왔음에도,
아직 제 주위에서 일어나는 크고 작은 문제들의 원인을
저 자신에게서 찾기보다는 제게 주어진 도구들을
탓하고 있으니, 이 점에서 승국이와 저는 아무런 차이가
없었습니다.

하나님께서는 오늘 피었다가 내일 아궁이에 던져질
들풀도 솔로몬의 옷보다 더 아름답게 최선을 다하여
만드셨습니다. 그 하나님 아버지께서 제게 주신 모든
것들—이를테면, 환경, 친구, 사랑하는 가족들 등 모두를
최선의 것으로 제게 주셨음은 너무나 당연한 일입니다.
그렇습니다. 제게 능력 주시는 자 안에서 제가 모든 것을
할 수 있음은, 이미 하나님께서 제게 최선의 가능성들을
주셨기 때문입니다. 문제는 저의 모든 것들이 최선의
것들임을 제가 아직 모르고 있다는 사실입니다. 그래서
제 영혼의 나이는 언제나 승국이처럼 유아일 수밖에
없나 봅니다.

오늘 제가 처해 있는 곳에 분열이 있다면 제 탓임을
고백합니다. 오늘 저의 밭에 가시덤불만 쌓여 있다면
제가 게을렀음을 회개합니다. 오늘 제 가족이 절망과
고통 가운데 있다면 제 죄 때문임을 자복합니다.
지금 변화되어야 할 사람이 네가 아닌 저 자신임을
고백합니다. 저 자신만 제외하고는 제 주위의 모든
사람들이, 상황들이, 가능성들이 최선의 것들이었으며
앞으로도 영원히 최선의 상태로 남아 있을 것임을
믿습니다. 이제 제가 최선을 다하기만 하면, 이미 주어진
최선의 것들과 더불어 제 인생 속에 오병이어의 기적이
일어날 것을 믿습니다. 그래서 엄마의 빗자루와 자기
것을 바꾸기 원하는 승국이를 보면서 다시는 스스로
부끄러워하지 않는 아빠가 되리라 굳게 다짐해 봅니다.
만물이 소생하는 이 따스한 봄볕 아래서 말입니다.

나를 들어 바다에 던지라 그리하면 바다가 너희를 위하여
잔잔하리라 너희가 이 큰 폭풍을 만난 것이 나 때문인 줄을
내가 아노라 하니라(욘 1:12)

너무 기뻐서 그만……

지난 6월 6일, 쿰 선교회는 첫 번째 야유예배를 양수리 새터 호반에서 드렸습니다. 약 70여 명이 참석하여 서로의 사랑과 마음을 나누는 흐뭇한 시간을 가졌습니다.

그날 아침, 잠자리에서 일어난 네 살짜리 첫째 승훈이가 엄마로부터 '소풍'을 가리라는 말을 듣자 여간 기뻐하는 것이 아니었습니다. 그 몇 주 전 유아원에서 서울대공원으로 소풍을 다녀온 승훈이는, 소풍의 의미와 즐거움을 익히 알고 있었습니다. 이방 저방을 깡충깡충 뛰어다니며 혼자 소리를 질러대는 그 얼굴은 즐거움으로 가득 차 있었습니다.

그러나 문제는 바로 그 기쁨 자체에 있었습니다. 너무나 기쁜 나머지 어서 빨리 대문을 박차고 나갈 궁리만 하지, 도대체 소풍 갈 준비를 하려 들지 않는 것이었습니다. 몇 번씩이나

"이 닦고 세수 해!"

하고 말했지만 들은 척도 하지 않았습니다. 세수하고 옷 입지 않으면 소풍을 떠날 수 없는데도 말입니다. 결국 엄마의 꾸지람을 듣고서야 승훈이는 목욕탕으로 들어갔습니다.

승훈이의 이와 같은 모습이 혹 하나님 앞에서 우리 모습은 아닐까요? 그리스도인이 된 감격 때문에, 구원받고 새사람이 된 흥분 때문에, 새롭게 형제 된 사람들과의 만남의 기쁨 때문에, 막상 그리스도인으로서 순례의 길을 떠날 채비를 까마득히 잊고 있는 것은 아닐까요? 아무런 준비도 없이, 그저 기뻐 뛰기만 하면서 이미 길을 떠나버린 것은 아닐까요? 벌거벗은 모습으로 말입니다. 주님에 대한 위대한 신앙고백으로 천국의 열쇠를 받은 베드로는 너무나 기쁜 나머지, 그다음 단계를 준비할 생각을 하지 못했습니다. 준비는커녕 주님의 가시는

길마저 가로막음으로, 일거에 사탄으로 전락해 버리고
말았습니다(마 16:13-23).

주님께서는 주님과 함께 길을 가기 원하는 사람들이
준비해야 할 것을 이렇게 일깨워주셨습니다 ―
"아무든지 나를 따라 오려거든 자기를 부인하고 자기
십자가를 지고 나를 좇을 것이니라"(마 16:24).

우리는 주님을 만났음을 기뻐해야 하며, 구원받았음에
감격해야 합니다. 그러나 그 기쁨과 감격은 '자기 부인'과
'자기 십자가를 짐'으로 연결되지 않으면 안 됩니다. 이것
없이는 한 시간도 주님을 따를 수 없습니다. 그럼에도
이런 준비 없이 단지 기쁨에만 들떠 있기를 멈추지 않을
때, 승훈이에게 엄마가 매를 들고 나오듯이 주님께서는
우리에게 사랑의 매를 들고 오실 것입니다. 당신이 네
살짜리 승훈이가 아닌 바에야, 지금부터 행하여야 할
것을 당장 시작해야 하지 않겠습니까?

> 내가 내 행위를 생각하고 주의 증거들을 향하여 내 발길을
> 돌이켰사오며 주의 계명들을 지키기에 신속히 하고 지체하지
> 아니하였나이다(시 119:59-60)

5천 원 때문에 거짓말을……

올해 여름은 정말 바빴습니다만 그러나 뜻깊기도
했습니다. 결혼한 후 처음으로 아내와 아이들을 데리고
2박 3일의 휴가를 가질 수 있었기 때문입니다.
난생 처음으로 밟아보는 바닷가 모래밭 위에서, 즐거워
어쩔 줄 몰라 하는 승훈이와 승국이의 얼굴을 쳐다보는
것만으로도 마음이 흐뭇했습니다.
물 속에 들어가기 위해서는 카메라를 누구에겐가
맡겨야만 했습니다. 그래서 해변가에 즐비하게 늘어서
있는 파라솔 중 제일 가까운 파라솔을 차지하고 앉아
있는 분에게 부탁을 드린 다음, 한동안 물장구를 치며

놀았습니다.

다시 모래사장으로 나왔을 때, 우리는 자연히 카메라를
맡겨둔 파라솔 앞에 자리잡게 되었습니다. 꼬마 녀석들과
한참 모래장난을 치고 있는데, 그 파라솔에 앉아 계시던
분들이 자리에서 일어나면서 우리에게 말했습니다.

"아이들과 여기 앉아서 노십시오. 세 시간 사용료
오천 원을 지불했는데 우리는 한 시간도 채 사용하지
않았거든요. 앞으로 두 시간을 더 쓰셔도 될 거예요.
주인이 묻거든 우리 일행이라고 하세요."

우리는 감사를 드리며 그 파라솔에 자리잡고
앉았습니다. 조금 지나자 중년 남자 한 분이 다가왔고,
그분과 저 사이에는 다음과 같은 대화가 오고 갔습니다.

"파라솔을 쓰시려면 오천 원을 내시죠."

"조금 전에 받으셨잖아요?"

"그분들은 딴 사람들 아닙니까?"

"우리와 일행인데요."

느닷없이 제 입에서는 그분들이 '우리와 일행'이라는
거짓말이 튀어나왔습니다. 물론 그분들이 '일행'
이라고 말할 것을 권하고 가긴 했지만, 그것은 엄연한

거짓말이었습니다. 거짓말은 또 다른 거짓말을 부르는
속성이 있었습니다.

"일행이라니요? 따로 오셨잖아요?"

"따로 오긴 했지만 일행은 일행이라구요. 그래서
그분들이 이 자리를 쓰라고 했다니까요."

말을 하면서 저는 스스로 놀라고 있었습니다. 이렇게
천연덕스럽게 거짓말을 하고 있다니! 이미 아내는 일어나
있었습니다. 나를 쳐다보는 아내의 말 없는 표정은
이렇게 말하고 있었습니다. '아니, 당신 어쩌자고 그런
거짓말을 하고 있어요? 빨리 사과를 드리세요!'

엉거주춤 자리에서 일어선 저는 또다시 저 자신이 깜짝
놀랄 소리를 하고 있었습니다.

"아저씨가 계속 일행이 아니라니까 그냥 가야겠네요."

아이들의 손을 잡고 아내와 함께 숙소로 돌아가는
제 모습이 너무나 왜소해 보였습니다. 그때 제 마음은
이렇게 절규하고 있었습니다.

주님! 저는 이런 놈입니다. 이러고도 가룟 유다를
욕했답니다. 이 죄인을 불쌍히 여겨 주소서!

형제들아 내가 그리스도 예수 우리 주 안에서 가진 바

너희에 대한 나의 자랑을 두고 단언하노니 나는 날마다

죽노라(고전 15:31)

승훈이의 기도

차가운 날씨인데도 유아원에 가는 첫째 승훈이가 점퍼를
입지 않고 가겠다는 사태가 발생했습니다. 이유는
간단했습니다. 며칠 전 엄마가 사준 혁대를 자랑하기
위해서였습니다. 점퍼를 입으면 그 자랑스러운 혁대가
가려진다는 겁니다. 한동안 셔츠만 걸친 채 혁대를
뻐기면서 다니던 승훈이는 추위에 기가 꺾였는지 아니면
혁대가 시들해졌는지, 얼마 지나지 않아 슬그머니 다시
점퍼를 입기 시작했습니다.

조금만 새것이 생겨도 자랑하고 싶어 못 견디는 네
살짜리 승훈이를 보면서, 어떻게 하면 승훈이의 평생

자랑이 예수님이 될 수 있을까 혼자 생각해 보았습니다.
그 후 꽤 여러 날이 지났습니다. 연말이 가까워
오면서 여러 가지 겹치는 일 때문에 지쳐버린 어느
날이었습니다. 새벽기도회를 다녀온 뒤, 아침 식사를
마치고 일어서려 해도 일어설 기력이 나지 않았습니다.
정말 그대로 있으면 뻗어버릴 것 같았습니다. 그때 저와
눈이 마주친 승훈이에게 별 기대도 없이 말했습니다.
"승훈아, 아빠가 몹시 아파. 아빠 위해 기도 한번 해주지
않겠니?"
순간 승훈이는 조금도 주저함 없이 제 목을
끌어안고서는 제 귓가에 대고 속삭였습니다.
"예수님! 우리 아빠가 몹시 아파요. 꼭 낫게 해주세요.
예수님의 이름으로 기도드립니다. 아멘."
저는 승훈이가 세상에 태어난 이후 처음으로 저를 위해
기도해 주는 소리를 들으면서 눈물이 핑 돌았습니다.
부모가 예수님을 자랑하면서 살면 아이들의 자랑도
예수님이 될 수 있음을 승훈이가 보여
준 셈이었습니다. 제 목을 끌어안고 있는 승훈이의
고사리 같은 손에서 뜨거운 사랑의 전류를 느끼면서,

제가 벌떡 일어선 것은 두말할 나위도 없습니다.

여호와는 나의 힘이요 노래시며 나의 구원이시로다

그는 나의 하나님이시니 내가 그를 찬송할 것이요

내 아비의 하나님이시니 내가 그를 높이리로다(출 15:2)

간식과 주식

저녁 식사하러 집에 들어갔을 때의 일입니다. 다섯 살 난 승훈이가 꽤 큰 빵을 먹고 있었습니다. 옷을 벗어 걸면서 승훈이에게 한마디를 던졌습니다.

"승훈아, 이 시간에 간식을 먹으면 밥을 못 먹지 않겠니?"

옷을 다 갈아입을 때까지 아무 대꾸가 없기에 계속 빵을 먹고 있는 줄 알았습니다. 그러나 되돌아보니 승훈이는 빵을 손에 들기만 한 채 무엇인가 골똘하게 생각하는 듯한 표정을 짓고 있다가, 저와 눈이 마주치기 무섭게 물어 왔습니다.

"아빠! 왜 간식을 하면 밥을 먹지 못해요?"

표정이 매우 진지했습니다. 그런 표정으로 질문을
던지면, 저도 진지하게 대하지 않을 도리가 없습니다.
잠시 생각하는 사이, 승훈이 옆에 있는 장난감 트럭이
보였습니다. 저는 그 트럭을 집어 올린 다음 이렇게
설명하기 시작했습니다.

"여기에 트럭의 짐 싣는 곳이 있지. 이게 승훈이 배라고
치자. 지금은 이렇게 텅 비어 있지? 이제 네 손에 있는
빵을 여기에 담아 보렴. 짐 싣는 곳이 꽉 차버렸어!
여기에 또 다른 것을 실을 수 있겠니? 그래, 더 이상 실을
수가 없어. 밥이 들어가야 할 네 배 속에 이처럼 빵이
먼저 들어가 있으면, 밥이 들어갈 틈이 없는 거야. 이제
알겠니?"

승훈이는 그제야 완전히 알겠다는 듯 흡족한 표정을
짓더니, 트럭과 빵은 아랑곳하지도 않고 부엌으로
달려가며 외쳤습니다.

"엄마! 밥 줘요!"

장난감 트럭을 제자리에 가져다 놓을 때 그것은,
아직까지 그 안에 담겨 있는 빵과 더불어 참으로 묘한
여운을 제게 던져 주었습니다.

그 트럭이야말로 제 영혼의 그릇처럼 보였습니다.
채워져야 할 주식(진리)은 들어갈 틈도 없이, 간식(세상)
으로만 가득 찬 제 영혼의 그릇 말입니다. 그것은,
영적으로 영양실조에 걸려 있으면서도 세상의 사탕
조각과 떡 부스러기에만 안달하고 있는 바로 제 영혼의
모습이었습니다.
지금 제게 해야 할 일이 있다면 승훈이를 닮는 것입니다.
간식을 먹으면 왜 밥을 먹을 수 없는지, 그 이유를 깨달은
승훈이가 먹던 빵은 거들떠보지도 않고 밥 달라며
엄마에게 뛰어가듯, 이제까지 추구해 오던 모든 것을
미련 없이 버리고 '밥(말씀)' 달라며 '하나님 아빠'를 향해
뛰는 일 말입니다.

심령이 가난한 자는 복이 있나니 천국이 저희 것임이요

(마 5:3)

어린이는 어른의 아버지

지난 8월 3일 첫째 승훈이와 둘째 승국이를 데리고
1박 2일의 여행길에 올랐습니다. 남자 셋만 조촐하게(?)
떠나는 여행이었지만, 오랜만에 아이들을 위하여
봉사하는 기쁨은 결코 적지 않았습니다.

자동차가 고속도로 톨게이트를 막 통과하여 속도를 내기
시작할 때였습니다. 갑자기 뒷자리에 앉았던 다섯 살짜리
승훈이가 "아빠, 감사해요"라고 말했습니다. 전혀 예견치
못했던 말이기에 반문하지 않을 수 없었습니다.

"무엇이 감사한데?"

"우리랑 여행 자주 가주시는 거요."

"아빠 승훈이와 여행 가면 안 돼?"

"아빠 늘 바쁘시잖아요. 여하튼 감사해요."

도고에서 1박 한 후, 이튿날 아침에는 말로만 듣던
독립기념관을 찾았습니다.

주차장에 세워져 있는 팻말을 따라 제일 안쪽에
주차를 한 다음, 두 아이의 손을 잡고 정문으로
걸어가는 저를 향해 한 경비원이 느닷없이 소리 소리
지르면서 달려왔습니다. 그의 주장인즉, 반대편부터
먼저 주차시켜야 하는데 왜 맞은편에 세웠느냐는
것이었습니다. 제가 주차장 팻말의 지시를 어기지
않았기에 그분의 말은 억지처럼 들렸습니다. 저는
귀찮아서 대꾸도 않고 그냥 들어갔습니다. 저의 머리
뒤로 그의 고성이 계속 들렸음은 물론입니다.

관람을 마친 후 주차장으로 가던 저는, 아까 그
경비원에게 경멸하듯 대꾸도 하지 않았던 저의 태도에
양심의 가책을 느꼈습니다. 저는 가게에서 시원한
음료수와 먹을 것을 산 뒤 그분을 찾아갔습니다. 그리고
정중하게 사과를 드렸습니다. 그분은 몹시 당황해하며
자신이 잘못했노라고 용서를 구했습니다. 자동차를 향해

되돌아섰을 때, 그 모든 과정을 지켜보았던 네 살짜리 승국이가 이렇게 말했습니다.

"우리 아빠, 최고예요."

지난달 어머님께서 병원에 입원하신 적이 있었습니다. 저는 매일 두 아이를 데리고 어머님의 병실을 찾았습니다. 지난 8월 21일에는 아내가 셋째 아들을 낳았습니다. 이번에도 아이들을 데리고 매일 아내의 병실을 찾았음은 두말할 나위가 없습니다. 사흘째 되는 날 저녁, 집으로 오는 차 속에서 승훈이가 이렇게 물었습니다.

"아빠, 아빤 왜 할머니 입원하셨을 때는 하루 한 번만 가고, 엄마한테는 하루 두 번씩 가요?"

상상조차 못한 승훈이의 질문에 저는 그만 말문이 막히고 말았습니다.

당신의 어린 자녀는 당신이 생각하는 만큼 어린이가 아니라는 사실을 알고 계십니까? 그런데도 당신은 다 큰 자녀마저 어린이로 취급한 채 함부로 다루고 있지는 않습니까? 영국의 계관시인 워즈워드는, '어린이는 어른의 아버지'라고 읊었는데도 말입니다.

이르시되 진실로 너희에게 이르노니 너희가 돌이켜 어린

아이들과 같이 되지 아니하면 결단코 천국에 들어가지

못하리라(마 18:3)

"믿어 주세요"

첫째 승훈이가 19개월이 되었을 때, 그러니까 한창 집안
식구들로부터 사랑을 받고 있을 때, 어느 날 느닷없이
나타난 둘째 승국이는 승훈이에게 엄청난 충격이었던가
봅니다. 갓 태어난 승국이가 병원에서 집으로 오던
날, 그리고 기다리던 모든 식구들이 승국이를 서로
번갈아 안아보며 웃음꽃을 피울 때, 뒤뚱뒤뚱 창문
쪽으로 걸어가더니 등을 돌린 채 혼자 소리 없이
눈물 흘리던 승훈이의 모습은 모든 식구들을 놀라게
했습니다. 아내와 저는 승훈이가 알아듣든 알아듣지
못하든 개의치 않고, 아빠와 엄마는 변함없이 승훈이를

사랑하고 있다는 것을 꽤 여러 번이나 진지한 표정으로
설명해 주어야만 했습니다.

세 번째 얻은 아들에게 '주님의 미쁘심을 이어받으라'
는 뜻으로 승윤(承允)이란 이름을 지어 주었습니다.
승윤이가 퇴원했을 때, 이제는 만 4년 6개월 된 승훈이는
무척 기뻐했습니다. 조금이라도 승윤이가 울면 자기가
안아주겠다고 법석을 떱니다. 그런데 승윤이의 출현과
동시에 이번에는 둘째 승국이가 갑자기 심술궂은
아이로 바뀌기 시작했습니다. 행동도 바뀌었고, 말씨도
예전과는 뚜렷하게 달라졌습니다. 이미 승훈이 때에
경험해 보았으므로 승국이의 그와 같은 변화가 무엇을
의미하는지를 알고 있는 우리 부부는, 이번에는
승국이에게 아빠와 엄마는 승윤이만을 사랑하는 것이
아니라 승훈, 승국, 승윤이 모두를 사랑하고 있음을
또다시 진지하게 설명해 주었습니다. 며칠이 지났을 때
승국이가 이렇게 말했습니다.

"나 둘째 형아 안 할래요. 내가 아가 할래요. 승윤이가
둘째 형아예요."

그것은 아빠와 엄마를 믿지 못하겠다는 뜻이었습니다.

그러므로 확실하게 더 큰 사랑을 받을 수 있어 보이는
아가 자리에 자기가 앉겠다는 것이었습니다.

승국이의 그와 같은 모습은 하나님 앞에서의 제
모습을 연상케 해주었습니다. 하나님께서 아무리 너를
사랑한다고 고백해 주셔도 그 고백을 믿지 못하는 저의
불신의 모습 말입니다. 저를 믿지 못하는 승국이를
제가 안타까워하듯, 하나님을 온전히 믿지 못하는 저를
안타까워하시는 하나님께서, 모 정치인이 "이 사람 믿어
주세요"라고 하는 식으로 혹 이렇게 말씀하고 계시는
것은 아닐까요—

"이 하나님 믿어 주세요!"

> 너희는 마음에 근심하지 말라 하나님을 믿으니 또 나를
> 믿으라 (요 14:1)

"빨리 천국 가세요"

예수 그리스도를 믿는 목적을 한마디로 요약한다면,
'예수 천국'입니다. 즉 예수님을 믿음으로 구원 얻고
부활하여 영생하는 천국에 이르는 것입니다.
이 천국이 얼마나 중요한지는 예수님의 첫마디가
"회개하라 천국이 가까웠다"(마 4:17)였다는 사실에서도
여실히 드러납니다. 누구든 가장 중요한 말을 제일 먼저
하게 마련이기 때문입니다. 그런데 언제부터인지 우리
사이에서 '예수 천국'이라는 말이 사라지기 시작했습니다.
누구든 천국을 얘기하면 시대에 뒤처진 사람으로
치부되어 버립니다. 그리고 가능한 한 천국이나 지옥

애기는 하지 않는 것으로 되어 있습니다.

천국을 배제한 기독교는 도덕과 윤리로 전락할 수밖에 없습니다. 그 속에는 그 어떤 생명력도 거듭남도, 위력도 있을 수 없습니다. 그래서 천국이 빠진 기독교는 한낱 형식에 지나지 않게 됩니다.

기독교가 우리의 삶 속에 무한한 동력을 제공해 주는 이유는 부활이 있기 때문이며, 그 부활은 천국이 있으므로 비로소 보배로운 은혜일 수 있습니다. 천국 없는 부활—그래서 이 세상에서 죄인으로 억만 년을 그대로 살아야 한다면 그것이야말로 가장 무서운 형벌이요, 고통일 것입니다.

금년에 우리 나이로 80세이신 어머님께서 어느 날, 다섯 살 난 승훈이에게 천국 이야기를 들려 주셨습니다. 평생 천국 소망으로 살아오신 할머니가 어린 손자를 앉혀놓고 천국을 가르치는 모습은 참으로 아름다운 광경이었습니다.

"천국은 아름다운 보석으로 꾸며져 있단다. 길도 황금길이구. 그곳은 도무지 슬퍼할 일이 하나도 없는 곳이란다. 모든 사람들은 그저 기뻐하고 좋아하기만

하지. 그뿐만이 아니야. 어린아이가 사자와 놀아도
사자가 사람을 물지 않는 곳이야. 독이 가득 오른 뱀도
물론 사람들의 친구가 되고 말이야. 온갖 아름다운
꽃들이 가득하고……."

할머니의 말씀을 듣는 승훈이의 눈빛이 초롱초롱하게
빛나더니, 그 얼굴에 감격의 빛을 가득 담고서 이렇게
말했습니다.

"할머니! 빨리 천국 가세요."

이것은 할머니의 말씀에 감동된 승훈이가 할머니에게
표현할 수 있는 최대의 사랑의 고백이었습니다. 그처럼
좋은 곳에는 당연히 할머니께서 먼저 가셔야 한다는
어린아이의 꾸밈없는 표현이었습니다. 물론 어머님께서도
승훈이의 그런 뜻을 잘 알고 계실 터이지만, 그 순간
어머님의 얼굴에는 역력하게 서운한 표정이 서렸습니다.
그 광경을 지켜보면서 저는 저 자신에게 이렇게 반문해
보았습니다.

재철아! 넌 천국에 빨리 가고 싶어 할 정도로 천국을
확신하고 있니?

너희는 마음에 근심하지 말라 하나님을 믿으니 또 나를

믿으라 내 아버지 집에 거할 곳이 많도다(요 14:1-2상)

응급실과 교회

5월 5일 어린이날을 맞이하여, 제가 섬기는 '주님의교회'
전 교인들은 양화진에 있는 선교사묘원으로 야유 예배를
갔습니다.

준비해 간 점심을 맛있게 들고 모두 삼삼오오 모여
환담을 즐기고 있을 무렵, 그러니까 정확하게 오후
1시경이었습니다. 입구 쪽에서 어린이 한 명이 새하얗게
질린 얼굴로 소리치며 뛰어오는 모습이 보이더니, 바로 그
뒤에 온 입가에 피범벅이 된 어린이가 청년의 품에 안긴
채 다가오는 것이었습니다. 피를 흘리고 있는 아이가 첫째
승훈이임을 첫눈에 알 수 있었습니다.

승훈이를 받아 제 품으로 안았지만, 순간 막막하기 짝이
없었습니다. 그런 경우를 처음 당하는 데다, 그날은 또
토요일 오후요, 더욱이 전 교인에게 걱정을 끼쳐서는 안
된다는 생각이 앞섰기 때문이었습니다. 그때 누군가가
제 곁으로 오더니 승훈이를 달라고 했습니다. 치과
원장이신 L성도님이셨습니다. 그분의 얼굴을 보는 순간
그토록 마음이 평안할 수가 없었습니다. 또 다른 치과
원장이신 Y성도님께서도 달려오셨습니다. 그분들은
피 흐르는 승훈이의 입 안팎을 샅샅이 살피신 후,
비탈에서 자전거를 타다가 주차해 둔 자동차에 입이
부딪친 승훈이의 경우, 찢어진 잇몸, 입술 안쪽, 그리고
입술 아랫부분을 바늘로 꿰매고, 흔들리는 치아를
한데 묶으면 별다른 이상은 없을 것이라는 진단을 내려
주셨습니다. 그리고는 인근 병원 구강외과로 가는 것이
좋겠다고 결론 지음과 동시에, Y성도님께서 직접 차를
몰아 주셨습니다. 차를 타고 가는 동안에도 승훈이의
상처에서는 계속 피가 흘렀습니다.

병원에 도착한 시간은 1시 20분이었습니다. 당직자는
토요일 오후라며 응급실을 경유해 오라고 했습니다.

다시 응급실로 갔습니다. 인턴 한 명이 와서 이것저것
묻더니 그냥 가버렸습니다. 한참 후에 다른 여자 인턴이
오더니 서류에 주소, 이름, 출산 때의 상황을 장황하게
묻고 받아 쓴 후 다시 구강외과로 가라고 했습니다.
이번에는 지하실에 내려가서 X-레이 촬영을 하고
오랍니다. 모든 절차를 다 끝내고 승훈이가 구강외과
의자에 누운 시간은 2시 30분이었습니다. 병원에 도착한
지 1시간 10분이 경과되었지만, 그동안 흘러내리는
승훈이의 피 한 방울 닦아주는 선생이나 간호사는 단
한 명도 없었습니다. 다시 말하면, 피 흘리는 승훈이의
환부에 의사의 손길이 닿기까지 정확하게 1시간 10분이
걸렸습니다. 의사의 손길이 닿자 갑자기 긴장한 승훈이가
"엄마, 무서워요."
하고 떨리는 소리로 말했습니다. 그때 젊은 인턴이 토요일
오후라 귀찮아서인지 이렇게 내뱉었습니다.
"시끄러워, 임마! 무섭긴 뭐가 무서워!"

이것이 혹 이 땅 위에 있는 교회의 모습은 아닐까요?
피투성이가 되어 쓰러진 영혼을 앞에 두고서도 불필요한

관습이나 제도를 따지느라 환자가 죽어가고 있지는
않습니까? 바로 사랑이란 미명 아래……

어떤 사람이 예루살렘에서 여리고로 내려가다가 강도를
만나매 강도들이 그 옷을 벗기고 때려 거의 죽은 것을
버리고 갔더라 마침 한 제사장이 그 길로 내려가다가 그를
보고 피하여 지나가고 또 이와 같이 한 레위인도 그 곳에
이르러 그를 보고 피하여 지나가되(눅 10:30-32)

어머님의 감격

심장 기능이 좋지 못한 어머님께 겨울은 길고도 긴
터널과도 같습니다. 찬 날씨가 심장에 해로운 까닭에,
주일 아침 교회에 가시는 것을 제외하고는 그 긴긴
나날들을 꼼짝없이 집에서만 지내셔야 하기 때문입니다.
그래서 봄이 되어 움이 트는 소리가 들리기만 하면
어머님께서는 아내의 도움을 받아 기다리셨다는 듯
이곳 저곳을 다녀오시곤 하셨습니다만, 올해에는 더
연로해지신 탓인지 봄이 다 가도록 예년에 비해 눈에 띌
정도로 외출이 줄어들었습니다.
지난 5월 마지막 주간에 모처럼 일이 빨리 끝나,

어머님과 아내 그리고 세 아이들과 더불어 금년 들어
처음으로 전 가족이 함께 외식을 나간 날이었습니다.
어머님과 아내, 세 아이들 모두가 흐뭇해하는
표정들이었음은 두말할 나위가 없었습니다. 주문한
음식을 기다리는 동안 둘째인 승국이가 불쑥 이렇게
말했습니다.

"할머님과 함께 나오니까 정말 기뻐요."

그 말을 들으신 어머님께서 이내 되물으셨습니다.

"승국아! 나와 함께 나온 것이 정말 그렇게 기쁘니?"

"네"라는 승국이의 대답을 확인하신 어머님께서 다시
말씀하셨습니다.

"고맙다. 승국아. 나도 정말 기쁘단다."

그 순간 어머님의 얼굴에 파도처럼 일었던 감격의 빛을
저는 놓치지 않았습니다. 그토록 감격해하시는 표정을
요 몇 년 사이에 본 적이 없었기 때문입니다. 그 감격의
표정은 오래도록 지워지지 않았습니다. 당신의 존재
가치를 확인하신 기쁨이었습니다.

그것은 그동안 어머님을 향한 나의 모든 언행이
무미건조하기 짝이 없었음을 입증해 주는 것이었기에,

저는 남모르게 홀로 가슴을 치지 않을 수 없었습니다.

너 낳은 아비에게 청종하고 네 늙은 어미를 경히 여기지

말지니라(잠 23:22)

사랑을 먹고 크는 나무

만 여든이 되신 어머님과 여섯 살 된 승훈이 사이에
보이지 않는 장벽이 있음을 알아차린 것은 벌써 오래전
이었습니다. 할머니는 걱정스러운 마음에서 승훈이가
조금만 위험한 놀이를 하려면 무조건 못 하게 하십니다.
그뿐만 아니라 승국이가 태어난 후로는 늘 승국이의
편을 들어 주시고, 특히 요즘은 막내인 승윤이에게만
관심을 보이시는 것 같기 때문입니다. 할머니의 사랑을
아무리 설명해 주어도 승훈이가 이해하지 못하는 것은
당연해 보였습니다. 그러던 할머니와 승훈이 사이에
놀라운 사랑의 기적이 일어났습니다.

얼마 전, 어머님께서 모처럼 만에 시장에 다녀오셨습니다.
그날따라 집사람의 부축도 마다하고 굳이 승훈이의 손을
잡고 다녀오겠다고 하셨습니다. 승국이가 따라붙자,
승국이의 나이에 할머니를 부축하기란 불가능할
것이므로 그냥 승훈이만 데리고 가셨습니다. 그날
시장을 다녀오면서 할머니와 승훈이 사이에 어떤 대화가
오갔는지는 모릅니다. 그러나 할머니가 사주신 과자를
행복한 표정으로 한 아름 안고 들어온 승훈이는 그길로
자기 방에 들어갔습니다. 그리고 한참 후에 카드 한
장을 직접 만들어 들고 나와서 할머니께 드렸습니다. 그
카드에는 "할머니, 사랑해요. 오래오래 사세요"라고 적혀
있었습니다. 할머니께서 기뻐하셨음은 물론이었습니다.
할머니에 대한 승훈이의 변화는 그것으로 그친 것이
아니었습니다. 바로 그날 밤부터 할머니 방에서 할머니를
꼭 안고 잠을 자기 시작했습니다. 너무도 신기스럽고 또한
보기에 흐뭇해서 이렇게 말해 주었습니다. ─ "승훈아,
네가 할머니를 모시고 자는 모양이 너무 자랑스럽구나."
그래서 오늘도 승훈이는 사명감을 가지고 할머니를
모시고 잠자리에 듭니다.

사랑의 힘은 참으로 위대합니다. 오늘 누군가와의 사이에
장벽이 가로막혀 있다면, 그가 아직까지 나의 사랑을
확인하지 못했기 때문이 아니라 내가 그를 사랑하고
있음을 확인시켜 주지 못했기 때문이 아닐까요?

무엇보다도 열심으로 서로 사랑할지니 사랑은 허다한 죄를
덮느니라 (벧전 4:8)

"내가 가르쳐 줄게"

어느 날 밤이었습니다. 승훈이가 진지한 표정으로
아내에게 말했습니다.

"엄마! 내일 아침에 내가 꼭 할 일이 있으니까 6시에 나
깨워 줘야 해."

승훈이의 말에 아내가 이렇게 대답했습니다.

"그래! 그런데 엄마가 잊어버리면 어떡하지?"

그러자 승훈이는 이런 엉뚱한 말을 했습니다.

"걱정 마! 내가 가르쳐 줄게!"

승훈이는 자기 말이 앞뒤가 맞지 않는 모순이라는 것
자체를 깨닫지 못했습니다. 그러나 그 대화를 통하여

아침 6시에 반드시 일어나야만 한다는 그 아이의 의지는 100퍼센트, 아니 그보다 훨씬 더 강도 높게 전해질 수 있었습니다. 다음 날 아침 아내가 잊지 않고 6시에 깨워 주었음을 두말할 나위가 없습니다.

저는 그날 많은 것을 배웠습니다. 하나님께 드리는 우리의 기도 내용이 얼마나 모순투성이입니까? 그러나 하나님께서는 그것을 따지지 않으시고, 우리의 중심을 보고 응답해 주십니다. 그래서 주님께서는 "구하기 전에 너희에게 있어야 할 것을 하나님께서 아시느니라(마6:8)" 라고 말씀하십니다.

그렇지만 만일 승훈이가 장성하여서도 그처럼 모순투성이의 대화법으로 부모를 대한다면 부모의 입장에서 얼마나 한심하겠습니까? 우리의 기도가 한평생 줄기차게 응석이요 모순 덩어리로만 일관된다면 하나님의 마음은 또 얼마나 아프실까요?

하나님께서 우리에게 요구하시는 것은 우리의 '변화' 와 '성숙'입니다. 그래서 우리의 기도의 내용도 반드시 성숙되어야 합니다. 성숙한 기도란 기도를 통하여 아버지의 뜻을 깨우치는 기도입니다. 일평생 나의 뜻대로

모든 것이 되어진다면, 나의 수준 이상에는 결코 다다를
수 없기 때문입니다.

그래서 이 땅에서 주님께서 하나님 아버지에게 드렸던
최후의 기도는 "나의 뜻대로 마시고 아버지의 원대로
하옵소서"였습니다. 그 기도야말로 영원히 우리의 본이
되어야 할 기도가 아닐 수 없습니다.

> 너희가 내 안에 거하고 내 말이 너희 안에 거하면
>
> 무엇이든지 원하는 대로 구하라 그리하면 이루리라 (요 15:7)

"잊어버려요"

제게 월요일은 소중한 날입니다. 일주일 동안 밀렸던
신문을 읽고, 원하던 책도 읽을 수 있는 날이기
때문입니다.

얼마 전 월요일이었습니다. 아내가 나갈 채비를 하고
있길래 물었더니, '아이들이 다니는 유치원에 내일 산타
할아버지가 오기로 되어 있어 미리 선물을 사서 맡겨
두기 위해서'라고 했습니다. 승훈이는 무전기를, 그리고
승국이는 무엇이든 좋다고 매일 열심히 기도한다는
것이었습니다.

모처럼 아내를 위해 봉사하기로 마음먹고 함께

나갔습니다. 그즈음 생활비가 이미 바닥이 나 있던 터라
아내의 카드 한 장만 믿고 나갔습니다.

아이들이 다니는 유치원 부근의 '여의도 백화점'
완구점에서 무전기를 찾았습니다. 12,000원이라고
했습니다. 점원에게 카드로 대금을 결제하려 하자,
자기 점포는 카드 가맹점이 아니라면서 '노총회관'
판매장에 가보라고 했습니다. 그러나 찾아간 그곳은 카드
가맹점이긴 했지만 무전기가 없었습니다. 딱 하나 남아
있긴 했는데 부서져 쓸 수가 없었습니다.

다시 소개를 받아 '라이프 쇼핑'과 '연금매장'을 모두
뒤졌지만 무전기는 매진 상태였습니다. 결국 무전기를
살 수 있는 곳은 여의도 백화점밖에 없었고 그곳에는
반드시 현금이 있어야만 했습니다.

할 수 없이 우리 부부는 길 위에서 핸드백과 주머니를
샅샅이 뒤져 동전까지 모두 꺼내어 보았습니다. 아내의
핸드백에서 나온 돈이 10,000원, 제 주머니에서 나온
돈이 5,000원이었습니다. 겨우 한숨을 돌린 우리는 다시
여의도 백화점으로 가서 12,000원짜리 무전기와
2,500원짜리 장난감 기타를 산 뒤 유치원에 맡겼습니다.

집을 나선 지 근 네 시간이나 지나서였습니다.

돌아오는 길에 아내가 말했습니다.

"우리가 얼마나 고생했는지 아이들은 모르겠지요?"

그래서 제가 이렇게 말했습니다.

"잊어버려요. 그런 것 일일이 기억하고 있으면 나중에
며느리가 고생할 테니까."

우리는 종종 잊어버려야 할 것을 기억하고 있기
때문에 불화와 갈등의 원인을 제공하곤 합니다.

어떻습니까? 새해부턴 잊어버려야 할 것을 잊어버리지
않으시겠습니까?

너희는 이전 일을 기억하지 말며 옛적 일을 생각하지 말라

(사 43:18)

"나두요"

주일 저녁 찬양예배를 위해 교회로 가던 도중 뒷자리에
있는 둘째 승국이가,
"야! 저녁 생방송이다!"
하고 외쳤습니다. 길거리에 TV가 켜져 있는가 하고 차창
밖을 내다보았으나 강변도로에는 질주하는 차들밖에
없었습니다. 잠시 후 이번에는 승훈이가 다시,
"저것 봐! 저녁 생방송 또 나왔어!"
하고 소리쳤습니다. 알고 보니 남산 위의 '서울 타워'
를 가리키고 있었습니다. MBC-TV의 '저녁 생방송'이
시작할 때 서울 타워가 배경으로 나오는 것을 두고 한

말이었습니다.

"엄마, 우리도 서울 타워 한번 구경 가 봤으면 좋겠어요."
하고 승국이가 말하자 승훈이도 맞장구를 쳤습니다.
"하나님께 그런 기회를 달라고 기도드려 봐."
아내의 말을 들은 승국이는 그 자리에서 기도하기
시작했습니다.
"하나님, 우리에게도 서울 타워를 구경할 수 있는 기회를
꼭 주세요……."

이윽고 승국이가 기도를 마치고 '아멘' 하기가 무섭게
승훈이가 기다렸다는 듯이 소리쳤습니다.
"하나님, 나두요!"
승훈이의 그 말은 잊고 있었던 이야기를 기억나게
해주었습니다. 어떤 신학생이 매일 아침·점심·저녁마다
한 시간씩 기도하기로 결단했습니다. 그러나 사흘이
되었을 때 이미 지쳐버리고 말았습니다. 하루 세 시간씩
무릎 꿇는다는 것은 여간 힘든 일이 아니었기
때문입니다. 마침내 그 학생은 기발한 아이디어를
내었습니다. 그는 장문의 기도문 세 통을 썼습니다.

아침·점심·저녁용 기도문들이었습니다. 그리고 아침용 기도문은 오른쪽 벽, 점심용 기도문은 맞은쪽 벽, 저녁용 기도문은 왼쪽 벽에 붙였습니다. 다음날부터 그의 기도는 이렇게 바뀌었습니다.

"하나님! 지금은 아침입니다. 오른쪽 벽을 보십시오."

"지금은 점심입니다. 정면을 보세요."

"지금은 저녁입니다. 왼쪽을 보시죠."

기도는 그리스도인의 노동이 되어야 합니다. 기도의 노동을 통해서만 온갖 욕망과 잡념들이 제하여지고, 기도란 노동의 땀을 흘릴 때에만 거룩하신 하나님을 닮아갈 수 있습니다. 그래서 바울 사도는 우리에게 이렇게 명령합니다.

쉬지 말고 기도하라(살전 5:17)

승국이의 교만

이번 봄에 첫째 승훈이가 초등학교에 입학했습니다.
제 나이의 친구들에 비하여 10년이나 늦게 체험하는
기쁨이었지만, 늦었기에 남 모르는 감격 또한 있었습니다.
입학식이 있던 날 아내와 함께 승국이를 데리고
성산초등학교를 찾았습니다. 그리고 마당에 서서 저는
이렇게 기도를 드렸습니다.
"하나님, 승훈이에게 꼭 이 학교가 필요하기에 이곳으로
인도해 주셨음을 감사합니다. 이곳에서 승훈이의 인생이
펼쳐지게 해주십시오. 이곳에서 자연을 노래하며 우주를
호흡하게 해주십시오. 인간과의 만남에서 신비로움을

체험케 해주십시오. 이곳에서 만난 모든 친구들이 일평생 동안 죽마지우들이 되게 해주십시오. 그러나 그 모든 것 위에 한 가지를 더하여, 이곳에서 선생님의 가르침을 통하여 날마다 살아 계시는 하나님을 인격적으로 만나게 해주십시오. 아멘."

기도를 마쳤을 때 놀이터에서 놀고 있던 둘째 승국이가 매우 못마땅한 표정으로 다가왔습니다. 무슨 일이냐고 묻자, 승국이는 아직까지 놀이터에서 놀고 있는 어린아이 한 명을 가리키며 이렇게 대답했습니다.

"저 네 살짜리 꼬마가 내게 반말을 하잖아요!"

이제 승국이는 겨우 여섯 살입니다. 제가 볼 때는 여섯 살이나 네 살이나 똑같아 보입니다. 누가 더 크냐를 따지는 것은 마치 도토리 키재기처럼 무의미해 보입니다. 그런데도 승국이는 네 살짜리가 자기에게 맞먹었다는 사실에 분통을 터뜨리고 있었습니다.

저는 승국이의 그 모습에서 귀한 깨달음을 얻었습니다. 모든 인간은, 어린아이나 어른이나 할 것 없이, 매순간 자기 자신을 마치 완성된 존재로 착각하며 살고 있다는 사실입니다. 그 결과 다른 사람의 예의 없음에 대하여는

신랄하게 비판하면서도, 나의 '하나님께 맞먹음'은 오히려
당연하게 생각하고 있습니다. 그와 같은 우리의 모습을,
하나님께서 마치 제가 교만한 승국이를 보듯 하실 것임은
너무나 당연하겠지요. 그래서 하나님께서는 이렇게
말씀하고 계십니다.

교만은 패망의 선봉이요 거만한 마음은 넘어짐의
앞잡이니라(잠 16:18)

승훈이의 "옙"

얼마 전 승훈이가 다니는 태권도 도장을 들러본 적이
있었습니다. 수십 명의 꼬마들이 관장님의 지시에 따라
도장이 떠나갈 듯한 기합 소리를 넣어 가며 열심히
동작을 익히고 있었습니다. 훈련이 다 끝나자 관장님은
줄을 맞추어 아이들을 그 자리에 앉게 한 다음 모두
눈을 감게 했습니다. 이른바 반성의 시간이었습니다.
"오늘 아침부터 지금까지 잘못한 것들을 2분 동안 조용히
반성한다!"
관장님의 위엄 있는 지시에 따라 아이들은 제법 진지한
자세로 눈을 감은 채 소리 없이 앉아 있었습니다.

2분이 지나자 관장님이 앉아 있는 아이들에게 위압적인
목소리로 말했습니다.

"지금 끝나고 집에 가면 놀러 다니지 말고 책상 앞에서
숙제해야 되겠지!"

관장님의 말씀이 끝나기가 무섭게 아이들은 똑같은
목소리로 기합을 넣어 "옙!"하고 대답했습니다.
또다시 도장이 떠나갈 듯이 여겨질 만큼 큰
소리였습니다. 이어서 관장님의 물음과 아이들의 "옙"이
계속되었습니다.

"오늘도 집에서 부모님 말씀을 잘 들어야 되겠지!"

"옙!"

"엄마에게 쓸데없이 용돈 달라고 떼를 쓰면 안 되겠지!"

"옙!"

"아침에 일어나 자기 이불은 자기가 정리해야 되겠지!"

"옙!"

관장님의 말씀이 끝날 때마다 아이들이 그처럼 절도
있게 대답하는 것으로 보아 그 '반성과 다짐의 시간'이
매일 있어 왔으리라는 것을 쉽게 짐작할 수 있었습니다.
아이들의 틈새에 앉아 있는 승훈이도 대답할 때마다

기합을 넣느라 어깨를 치켜올리면서 "옙!" 하고 소리친 것은 물론입니다. 그 광경을 보는 저의 속이 무척 씁쓰레했습니다. 제대로 지키지도 않을 것들을 매일 목소리를 높여가며 다짐하는 그 아이들의 모습 속에서, 끊임없이 쉬지 않고 결단함에도 결코 말씀대로 온전히 살지 못하는 저 자신의 연약한 모습을 발견했기 때문이었습니다.

나의 계명을 가지고 지키는 자라야 나를 사랑하는 자니 나를 사랑하는 자는 내 아버지께 사랑을 받을 것이요 나도 그를 사랑하여 그에게 나를 나타내리라(요 14:21)

승국이와 절두산

저희 집 앞에는 가톨릭과 개신교의 성지인 절두산과
양화진이 나란히 자리잡고 있습니다. 대원군의 천주교
박해 시 많은 신자들이 참수당했던 절두산과, 이 땅에서
복음을 전파하다 순직한 외국 선교사들이 묻혀 있는
양화진에는 각기 기념 성당과 기념관이 세워져 있을 뿐
아니라, 누구나 출입할 수 있도록 공개되어 있습니다.
그래서 동네 아이들에게는 더없이 좋은 놀이터 구실을
하고 있습니다.

얼마 전 함께 절두산을 산책하던 둘째 승국이가
"아빠, 왜 이곳 이름이 절두산이에요?" 하고 묻기에

"옛날 나라님이 예수님 믿는 사람들의 목을 베었던切頭 곳이라고 해서 절두산이라고 하는 거야" 하고 설명해 주었습니다.

며칠 후 승국이가 엄마에게 물었습니다.

"엄마, 왜 절두산이라고 하는지 알아요?"

"글쎄, 왜 그렇게 부르지?"

엄마의 물음에 승국이는 제게 들은 이야기를 엄마에게 설명했습니다. 그리고는 "나는 커서 목사 되어야지!" 하고 덧붙였습니다. 작년에 큰 사고를 당하고서도 기적적으로 살아난 뒤에는 저 혼자 늘 입버릇처럼 하는 말이었습니다.

그래서 제가 승국이에게 이렇게 물었습니다.

"승국아! 이다음에 네가 커서 목사 되었을 때, 만약 나쁜 나라님이 네 목을 벤다면 어떻게 하겠니? 그래도 목사 될 거야?"

순간 승국이는 매우 난처한 표정이 되었습니다. 한동안 대답을 못 한 채 저의 눈만 빤히 쳐다보던 승국의 눈이 갑자기 반짝 빛나더니 이윽고 입을 열었습니다.

"그래도 할 거예요!"

"정말? 무섭지 않아?"

제가 다시 물었을 때 승국이는 이렇게 대답했습니다.

"안 무서워요! 아빠도 목사잖아요!"

순간 제 가슴이 찡하게 울려 왔습니다. 승국이가 한 말의 의미는, 그런 상황이 올지라도 아빠가 변함없이 목사일 것임을 믿으므로 자기도 할 것이라는 뜻이었기 때문입니다. 부자지간에 믿음보다 더 좋은 재산이 없음을 확인하는 순간이었습니다.

> 너의 섬길 자를 오늘날 택하라 오직 나와 내 집은 여호와를
> 섬기겠노라 (수 24:15)

어머니의 콜드크림

어머님께서는 금년 81세이십니다. 그래서 주일 아침
교회에 다녀오시는 일 외에는 거의 바깥 출입을 하지
못하십니다.

며칠 전 낮에 집으로 전화를 했더니 어머님께서
아주머니의 부축을 받아 모처럼 외출을 나가셨다고
했습니다. 저는 으레 누님 댁에 가셨겠거니 하고
생각했습니다.

밤이 되어 귀가했을 때 어머님께서는 조그만 상자를
만지고 계셨습니다. 무엇이냐고 여쭈었더니, 낮에 산
콜드크림이라고 대답하셨습니다. 그 소리에 제 귀를

의심했습니다. 그도 그럴 것이, 어머님께서 콜드크림 바르시는 모습을 마지막 본 것이 아득한 옛날처럼 여겨졌기 때문입니다. 어머님께서는 계속해서 혼자 이렇게 말씀하셨습니다.

"나이가 들어가니까 자꾸 살이 당겨서……."

그 말씀을 듣는 순간 제 가슴이 갑자기 뭉클해졌습니다. 어머님께서도 '여자'라는 사실을 그 순간 새삼스레 확인했기 때문이었습니다. 저는 벌써 오래전부터 어머님을 '어머니'로만 생각해 왔을 뿐, '여자'라는 사실을 까마득하게 잊고 있었습니다. 그래서 '여자' 로서의 어머님이 갖는 섬세한 감정의 변화와 소박한 바람 등에 무관심하였음에도, 오히려 그것이 당연한 듯이 살아왔습니다. 그로 인하여 어머님께서 삼켜야 할 쓴 뿌리가 얼마나 많았을는지요……. 그런데 어머님의 콜드 크림이 그와 같은 저의 잘못된 생각을 일순간에 깨우쳐 주었습니다.

태초에 하나님께서 어머님을 창조하신 것이 아니라 여자를 창조하셨다는 사실을, 여자가 여자임을 잊지 않고 여자 됨을 간직할 때에만 참 어머니와 참 할머니가

될 수 있음을, 그래서 참된 효도는 어머니의 여자 됨이
지속되도록 도와드리는 것임을!
당신은 알고 계십니까? 당신 어머님도 여자라는 사실을!
당신은 알고 계십니까? 당신 아내가 여자라는 사실을!
당신은 알고 계십니까?
똑같은 논리로 당신 남편이 남자라는 사실을!

> 하나님이 자기 형상 곧 하나님의 형상대로 사람을
> 창조하시되 남자와 여자를 창조하시고(창 1:27)

승윤이의 "빵"

저희 부부는 아직까지 아이들에게 총이나 칼과 같은
장난감을 사 준 적이 없습니다. 아무리 장난감이라지만,
사람을 죽이는 흉기를 갖고 놀게 하는 것은 전혀
유익함이 없다고 판단했기 때문입니다. 혹 저희 집을
찾는 친척들이 그와 같은 장난감을 사 오시면, 저희
부부는 그것을 몰래 비닐에 싸서 쓰레기통에 버려
버리곤 했습니다. 그런 것은 이웃과 나누기에도 적합한
물건이 아니라는 생각에서였습니다.

셋째인 승윤이가 얼마 전 나갔다가 누군가로부터 장난감
총을 얻어 왔습니다. 생전 처음 가져 보는 총인지라

얼마나 기뻐하는지, 하루 종일 정신없이 총을 들고
뛰어다녔습니다. 그러더니 이윽고 저녁이 되자 그 총을
아빠와 엄마에게 겨누면서 "손들어!" 하고 외치기
시작했습니다. 저희 부부는 손을 들지 않았습니다. 몇
번씩이나 외쳐도 손을 들지 않자 드디어 입으로 "빵"
"빵" 하면서 총을 쏘아대기 시작했습니다. 그래도 우리는
꼼짝도 하지 않았습니다. 마침내 승윤이가 애원하듯
엄마에게 말했습니다.

"엄마, 왜 안 죽어요? '빵' 하면 죽어야 돼요!"

엄마가 대답했습니다.

"그건 총이 아니니까 엄마는 죽지 않아. 그리고 엄마에게
총을 쏘는 사람은 엄마 아들일 수가 없어요."

이번에는 승윤이가 저를 쳐다보며 똑같은 애원을
했습니다.

"빵! 아빠, 왜 안 죽어요……?"

그래서 저도 아내와 똑같은 대답을 해주었습니다.

그날 밤 승윤이는 행여 아빠 엄마가 총을 치워버릴까
염려하여, 총을 자기 팬티 속에 넣고 잠을 잤습니다.
다음 날도 아빠 엄마를 향해 무수하게 "빵""빵" 총을

쏘아 대었지만, 우리는 여전히 미동도 하지 않았습니다.
승윤이가 총에 대해 완전히 관심을 잃은 것은 그로부터
불과 며칠 후였습니다.

당신은 혹 당신의 자식들에게 칼이나 총과 같은
장난감을 사주고, 또 아이들이 당신을 향해 총을
발사하는 순간 "악" 하면서 멋지게 죽어 주는 연기를
하고 있는 것은 아닙니까? 자식이 부모를 죽이는 놀이를
아무 거리낌 없이 하게 하면서도 그 자식이 부모를
공경하며 평화의 사람이 되기를 원한다면, 바로 그런
것을 가리켜 '망상'이라 하지 않겠습니까?

마땅히 행할 길을 아이에게 가르치라 그리하면 늙어도
그것을 떠나지 아니하리라(잠 22:6)

승주의 얼굴

작년 12월 24일 네 번째로 얻은 아들의 이름을 '주님의
공로 의지하여(勳) 주님의 나라를 이어받고(國) 주님의
미쁨으로(允) 주님만 따르라(主)'는 의미에서 승훈承勳,
승국承國, 승윤承允 에 이어 승주承主라 지어 주었습니다.
집안 식구들뿐 아니라 승주를 보신 많은 분들께서
"이 아이는 위의 형들과 다르다"는 말씀들을 하셨습니다.
형들보다 낫다는 의미였습니다. 자주 그런 소리를
들어서인지 승주는 확실히 달라 보였습니다. 위의 세
아이들보다 더 단단하며 윤곽이 더욱 또렷해 보였습니다.
얼마 전 저녁식사 후, 우연히 승훈이의 어릴 적 앨범을

뒤져 보던 저와 아내는 그만 깜짝 놀라고 말았습니다.
두 달 되었을 때의 승훈이 모습과 승주의 얼굴이 판에
박은 듯이 똑같았기 때문입니다. 우리는 승국이가 두
달 되었을 때의 사진을 찾아보았습니다. 그 모습 또한
승주의 모습과 구별할 수 없었습니다. 마지막으로
승윤이의 사진을 찾아보고서는 한 번 더 놀랐습니다.
모두 똑같았기 때문입니다. 네 아이의 두 달 된 사진을
책상 위에 함께 펼쳐 놓고 보니, 누가 누군지 구별할
재간이 없었습니다. 그것은 마치 네 쌍둥이의 사진처럼
보였습니다.

불과 6년 9개월 만에 네 아들을 얻었는데, 위의 세
아이들의 두 달 때 모습은 이미 우리 부부의 뇌리에서
사라져 버리고 없었습니다. 확실히 인간은 망각의
존재입니다. 자식에 관한 한 부모는 더더욱 '망각하는
존재'입니다. 그래서 부모는 언제나 자식을 용서할
수 있고 사랑할 수 있습니다. 용서는 곧 망각이기
때문입니다. 만약 부모가 자식의 모든 잘못을 고스란히
기억한다면 결코 용서할 수 없을 것이며, 용서치 못할
자식을 사랑할 수는 더더욱 없을 것입니다.

하나님께서도 '망각해 주시는 하나님'이십니다. 우리가
회개할 때 우리의 모든 죄과를 기억조차 아니하십니다.
그래서 이렇듯 우리가 살아 있을 수 있습니다. 그렇다면
우리는 우리 자식에게와 마찬가지로 타인의 잘못에
대해서도 '망각하는 존재'가 되어야 합니다. 그것만이
'망각해 주시는 하나님'에 대한 응답의 삶입니다. 타인의
가장 작은 잘못까지도 잊지 않는 기억력이야말로,
그리스도인의 가장 큰 수치일 뿐입니다.

나 곧 나는 나를 위하여 네 허물을 도말하는 자니 네 죄를

기억치 아니하리라(사 43:25)

승훈이의 한라산 정복

신대원 졸업여행을 가면서 당시 세 살이었던 첫째 승훈이를 동반하였습니다. 아이에게 정서적으로 좋은 경험이 되리라는 생각에서였습니다. 마지막 날 일정은 한라산 등반이 잡혀 있었습니다.

승훈이를 동반한 까닭에 저는 한라산 등정은 처음부터 꿈도 꾸지 않았습니다. 구두와 평상복 차림으로 관광버스를 타고 아침 8시 30분에 1,500고지에 당도해서야, 우리가 타고 간 버스가 시내로 돌아가지 않고 우리 일행의 하산 예정 시간인 오후 5시 30분까지 그곳에서 대기한다는 사실을 알았습니다. 한라산을

오르지 않는다면 무려 9시간을 버스 속에서 기다려야만
했습니다.

어쩔 수 없이 저는 재미 삼아 아이의 손목을 잡고 산길을
오르기 시작했습니다. 웬만큼 오르다가 그냥 내려올
심산이었습니다. 하지만 얼마 오르지 않아 벌써 산행을
포기하고 내려오는 사람들과 마주쳤습니다. 그들은
예외 없이 겸연쩍어하는 표정이었습니다. 나도 중도에서
포기하면 저런 표정으로 내려가겠구나 하는 생각이
듦과 동시에, 기어이 정상에 오르고야 말겠다는 결심이
솟구쳤습니다. 하지만 겨우 30여 개월밖에 되지 않은
승훈이가 제대로 산길을 오를 리가 없었습니다. 처음에는
아이를 가슴에 안았다가 힘에 부쳐, 이내 등에 업고 산을
올랐습니다. 조금 후에는 목말을 태웠지만 힘들기는
매한가지였습니다.

점심시간이 지나자, 마침 전도사님 한 분이 도시락을
비운 빈 배낭을 구해다 주었습니다. 그 배낭 안에
승훈이를 넣고 배낭을 어깨에 메고 산길을 올랐습니다.
자세가 안정되다 보니 오전에 비해 한결 수월했습니다.
제 모습을 측은하게 여긴 동료 전도사님들이 가끔씩

배낭을 대신 메어 주었지만, 저보다 체력이 월등하게
좋은 그분들 중 누구도 승훈이가 든 배낭을 메고 10분
이상 산길을 오르지 못했습니다. 이유는 간단했습니다.
승훈이가 자기 자식이 아니었기 때문입니다.

한라산 정상 가까이에 이르렀을 때입니다. 배낭 안에서
계속 앉고 일어서기를 반복하면서 장난치던 승훈이의
기척이 없었습니다. 돌아보니, 승훈이는 배낭 안에
쭈그리고 앉아 잠을 자고 있었습니다. 저는 땀을 뻘뻘
흘리며 기를 쓰고 산을 올라가는데, 승훈이는 팔자 좋게
곯아떨어져 있는 것이었습니다. 저는 행여 승훈이가
깰까 봐 조심조심 걸었습니다. 마침내 승훈이는 신에
흙도 묻히지 않고, 더욱이 배낭 안에서 잠을 즐기면서도
한라산 정상을 정복했습니다. 하지만 저는 그 덕분에
사흘 동안이나 심한 몸살을 앓아야만 했습니다.

제가 어떻게 이 체격에 구두와 평상복 차림으로 아이가
든 배낭을 메고 9시간 동안이나 한라산을 오르내릴
수 있었겠습니까? 승훈이가 남의 자식이었다면 절대로
불가능했을 것입니다. 그것이 가능할 수 있었던
이유는 오직 하나, 승훈이가 사랑하는 제 자식이었기

때문입니다.

그러나 제가 아무리 제 자식을 사랑한다 한들, 어찌
당신의 독생자까지 십자가에 내어주신 하나님 아버지의
사랑에 비견할 수 있겠습니까?

우리가 아직 죄인 되었을 때에 그리스도께서 우리를
위하여 죽으심으로 하나님께서 우리에 대한 자기의 사랑을
확증하셨느니라(롬 5:8)

"시간 좀 내주실 수 있으세요?"

제가 살고 있는 집 2층이 홍성사 사무실이며 3층은 저의
서재입니다. 그러므로 제가 외출을 하지 않을 때에도
아이들의 얼굴을 볼 수 있는 시간은 저녁 식사 시간이나
가족예배 시간뿐입니다. 아이들은 1층에만 있는 반면에
저는 3층에서만 머물며, 그 중간은 홍성사 사무실로
가로막혀 있기 때문입니다.

얼마 전 토요일, 이제는 초등학교 2학년이 된 승훈이가
저녁을 먹으러 내려간 제게 말했습니다.

"아빠! 저를 위해 시간 좀 내주실 수 있으세요?"

어린애답지 않게 너무나 정중한 어투에 저는 일순간 무슨

큰일이라도 난 줄만 알았습니다. 그런데 승훈이의 말은
뜻밖에도 다음과 같았습니다.

"시간이 되시면 저와 TV 한 번만 같이 보지
않으시겠어요?"

저는 즉석에서 승훈이의 손을 잡고 TV 앞으로
갔습니다. 마침 어린이용 외화를 방영하고 있었습니다.
우리는 함께 앉아 TV를 보기 시작했습니다. 아니,
정확히 말씀드리면 승훈이는 TV를 보았고, 저는 TV를
시청하고 있는 승훈이를 쳐다보았습니다. 승훈이의
표정은 평소에 보기 힘들만치 밝고 기쁨이 역력했습니다.
그와 같은 승훈이의 모습을 뚫어지게 보고 있자니
왠지 저도 모르게 가슴이 찡해 왔습니다. 승훈이는
교인들로부터 존경받는 목사님보다는, 자기와 함께 TV를
보아 주는 아빠를 원하고 있었기 때문입니다. 승훈이는
TV를 보는 동안 제게 한 마디도 하지 않았지만, 그
표정은 프로그램이 끝날 때까지 흡족한 듯 보였습니다.
아빠가 자기와 함께 어린이용 프로그램을 시청해 준다는
것 자체가 이미 자기 세상에 동참하였음을 의미하며,
자기에게 귀 기울이고 있음을 뜻하기 때문이었습니다.

그래서 그날 저는 승훈이와 중요한 약속을 한 가지
했습니다. 어떤 일이 있어도 일주일에 한 번씩은
승훈이와 함께 TV를 시청하겠다고 말입니다.
사랑은 수용하는 힘이며, 수용이란 이해하는 능력일진대
이해는 '듣는 것'으로부터 가능합니다. 그러므로
사랑이란 곧 '듣는 것'입니다. 하나님을 사랑한다고
고백하는 우리에게 그래서
하나님은 언제나 먼저 '들으라'고 말씀하십니다.

이스라엘아 들으라 우리 하나님 여호와는 오직 하나인
여호와시니 너는 마음을 다하고 성품을 다하고 힘을 다하여
네 하나님 여호와를 사랑하라(신 6:4-5)

비행기와 바람개비

지난주를 정리하고 새로 시작되는 한 주를 준비하는
월요일은 제게 더없이 소중한 날입니다.

지난 월요일 오후 4시경이었습니다. 외출에서 귀가하자
올해 초등학교 2학년인 첫째 승훈이가 기다렸다는 듯
1,500원을 요구했습니다. 모형비행기 재료를 구입하기
위함이라고 했습니다. 저는 승훈이에게 돈을 준 뒤
제 서재로 올라가 밀린 일을 하기 시작했습니다. 얼마
지나지 않아 승훈이가 아빠 서재에 올라가도 되는지
인터폰으로 물어 왔습니다. 제 허락과 함께 모형비행기
재료와 설계도면을 가슴에 안고 나타난 승훈이는,

설명서를 아무리 읽어도 이해할 수 없다며 제 도움을
요청했습니다.

어릴 적 유난히도 모형비행기를 좋아했던 저는
설계도면을 펴 놓고, 승훈이에게 하나하나 설명을
해주면서 함께 만들기 시작했습니다. 고무줄을 동력으로
삼은 모형비행기였는데, 그 구조나 만드는 방법 그리고
설계도의 설명이 초등학교 2학년이 이해하기에는 무척
어려워 보였습니다. 자세히 살펴보니 그것은 초등학교
고학년용이었습니다. 승훈이가 잘못 사온 것이었습니다.
아니나 다를까 10분쯤 지나자 승훈이는 흥미를
잃어버리고 말았습니다. 몇 번 몸을 비틀더니, 이윽고
자리에서 일어나 제 서재에서 나가며 이렇게 말했습니다.
"아빠, 전 승국이하고 놀고 있을 테니까 다 만들면
가져다주세요."

제가 '승훈아' 하고 불렀지만 대구도 않고 뛰어나가
버렸습니다. 저는 저녁도 거르면서 그 소중한 월요일에
무려 4시간 이상이나 투자하여 끝내 모형비행기를
완성하였습니다. 완성된 비행기를 보고 승훈이가 기뻐한
것은 물론이요, 그 아이의 기쁨은 고스란히 제 기쁨으로 되돌아왔습니다.

이튿날인 화요일, 교회 일을 마치고 밤 11시경에 귀가했습니다. 하루 종일 승훈이가 갖고 놀던 모형비행기가 식탁 위에 놓여 있었습니다. 그러나 뭔가 이상해 보였습니다. 자세히 살펴보니 비행기 몸체 아래에 붙어 있어야 할, 동력용 굵은 고무줄이 송두리째 보이지 않았습니다. 게다가 고무줄을 거는 고리는 아예 떨어져 나가고 없었습니다. 이튿날 아침 승훈이에게 까닭을 물었더니 대답이 기가 막혔습니다. 비행기로 날리기보다는 프로펠러를 이용하여 바람개비로 갖고 노는 것이 더 좋아 고무줄 동력을 뜯어 버렸다는 것이었습니다. 심혈을 기울여 만들어 준 비행기를 바람개비로 갖고 놀기 위해 망가뜨려 버리다니, 그럴 바에야 처음부터 바람개비를 만들어 달랬으면 월요일의 금쪽같은 시간을 그렇게 허비하지는 않았을 것을! 생각할수록 기막힌 일이었지만 그렇다고 승훈이를 야단치거나 벌을 줄 수는 없었습니다. 그 아이의 수준을 이해하며 함께 웃어 주었습니다.

당신은 어떻습니까? 주님께서 진리의 비행기로 비상飛翔

하라고 당신을 십자가의 보혈로 구원해 주셨건만,
당신은 어린아이도 아닌 성인이면서도 여전히 세상의
바람개비에만 정신이 팔려 있는 것은 아닙니까?

그러므로 너희가 그리스도와 함께 다시 살리심을 받았으면
위의 것을 찾으라 거기는 그리스도께서 하나님 우편에 앉아
계시느니라 위의 것을 생각하고 땅의 것을 생각하지 말라

(골 3:1-2)

승훈이의 운동회 날

얼마 전 주일 저녁에 첫째 승훈이가 말했습니다.

"아빠, 내일 저희 학교에 한번 와주시지 않겠어요?"

이유를 묻자 내일이 운동회 날이라고 했습니다.

승훈이의 말을 듣자 옛날 제가 초등학교 다니던 시절

운동회 날이 되기만 하면, 언제나 학교 운동장 맨

앞자리에 앉아 저를 쳐다보고 계시던 아버지의 모습이

떠올랐습니다. 그래서 승훈이의 청을 들어주기로

약속했습니다.

월요일 아침 10시 30분쯤 학교엘 갔더니 그야말로

인산인해였습니다. 꽤 오랜 시간이 지나서야 승훈이의

반을 찾을 수 있었습니다. 마침 그때 승훈이는 옆에 있는
친구와 장난을 치느라 저를 보지 못했습니다.

조금 시간이 지나자 승훈이보다 체격이 더 좋아
보이는 친구가 왼손으로 승훈이의 몸을 휘감아 조이기
시작했습니다. 승훈이가 싫다고 해도 막무가내였습니다.
조금 후 그 친구와 저의 눈이 마주쳤습니다. 그래서 저는
그 친구를 향해 웃음으로 인사를 던졌습니다. 그 아이는
물론 제가 승훈이의 아빠인 줄을 알 턱이 없었습니다.
그러므로 제 웃음의 의미를 '잘한다'는 격려로 여겼나
봅니다. 자기도 한번 웃어 보이더니, 조금 전보다
승훈이를 더 귀찮게 굴기 시작했습니다.

마침내 승훈이 반 차례가 되어 선생님께서 오시자
두 아이는 아무 일도 없었다는 듯, 손으로 옷에 묻은
흙을 털면서 대열을 따라 운동장으로 이동했습니다.
그때까지도 승훈이는 아빠가 뒤에서 자기를 보고 있음을
알지 못하고 있었습니다.

내가 비록 주님을 인식하지 못하고 있는 순간일지라도
주님께서는 나와 함께하고 계십니다. 때로 사망의
음침한 골짜기 속에 내버려 두시는 듯 여겨지는 것은,

주님께서 내 곁에 계시지 않기 때문이 아니라, 내가 홀로 설 수 있도록 지켜보시기 때문입니다. 그러다 내가 지쳐 쓰러지는 상황이 생기면, 주님께서는 당신의 능력의 손으로 나를 일으켜 세워 주십니다. 마치 승훈이의 친구가 승훈이를 두들겨 패기라도 했더라면, 제가 뛰어나가 막아 주었을 것처럼 말입니다.

믿으십니까? 지금 당신 뒤에 당신의 아버지, 하나님이 계심을!

내가 사망의 음침한 골짜기로 다닐지라도 해를 두려워하지 않을 것은 주께서 나와 함께 하심이라 (시 23:4)

"그 정도로는 안 돼"

"요즈음 승국이가 아주 의젓해지지 않았니? 내년이면
초등학교에 입학할 어린이답게 말이야."
저녁을 들면서 아내가 이렇게 말하자 첫째 승훈이가
이의를 제기했습니다.
"아냐, 승국이는 더 강해져야 해!"
이번에는 장본인인 둘째 승국이가 동의하지 않았습니다.
"왜 그래? 우리 유치원에서 닭싸움해서 나를 이기는
친구는 아무도 없단 말이야!"
승훈이가 다시 말했습니다.
"아냐, 그 정도로는 안돼! 네 유치원에는 모두 작은

아이들만 있잖니."

여기까지 말을 마친 승훈이는 무엇인가 더 말을 하려다가 불현듯 멈추었습니다. 그리고 저와 아내의 얼굴을 번갈아 쳐다보더니, 이윽고 결심한 듯 다시 말문을 열었습니다.

"내가 이제 처음으로 하는 얘긴데…… 나는 승국이 너보다 더 크잖니. 그런데도 작년에(1학년 때에) 나보다 더 큰 애들에게 이유 없이 많이 맞았어."

저녁 식사가 끝난 후 나는 승훈이를 데리고 마당으로 나가 무릎 위에 앉히고는, 이런 대화를 주고받았습니다.

"승훈아, 너보다 힘센 애들이 이유 없이 때리면 속상하지?"

"예."

"아빠가 그 친구들을 이기는 방법을 가르쳐 줄까?"

"그게 뭔데요?"

"힘으로 친구들을 이기려 하면 말이야, 너보다 더 힘센 친구에게는 반드시 지게 마련이야. 그러나 지혜로운 사람이 되면, 그 친구들이 반드시 너를 우러러보게 되는 날이 올 거야. 그게 진짜 이기는 거야."

"어떻게 하면 지혜롭게 돼요?"

"하나님을 열심히 섬기면 돼. 그러면 하나님께서 반드시

이 세상을 이기는 지혜를 주실 거야. 알겠니?"

"알겠어요."

저는 승훈이를 꼭 끌어안고 기도해 주었습니다. 우리의
사랑하는 아이들은 이 세상 속에서 때로는 할퀴어지고
찢어질 수도 있을 것입니다. 그러나 내 자식을 주님께
맡기는 한 두려워할 것은 없습니다. 사탄마저도 훈련의
도구로 쓰시는 하나님께서, 그 모든 과정을 통하여
우리의 자녀들을 더 굳건하게 세워 주실 것이기
때문입니다.

> 이것을 너희에게 이름은 너희로 내 안에서 평안을 누리게
> 하려 함이라 세상에서는 너희가 환란을 당하나 담대하라
> 내가 세상을 이기었노라 (요 16:33)

정직한 마음

언제부터인가 저녁 가족예배 시간만 되면, 찬송가 한
권을 놓고 첫째 승훈이와 둘째 승국이가 티격태격하는
모습이 보이기 시작했지만 대수롭지 않게 생각했습니다.
그러나 바로 그 찬송가 때문에 마침내 승국이가 울음을
터뜨리는 사건이 터졌습니다. 자기가 먼저 찬송가를 맡아
두고 화장실에 다녀오니, 승훈이 형이 차지하고는 되돌려
주지 않는다는 것이었습니다.
저는 왜 하필이면 그 찬송가를 서로 차지하려고 늘
싸우는지 이유를 물었습니다. 대답은 그것이 제일 '새것'
이기 때문이라고 했습니다. 마침 그날 하나님께서

저희들에게 주신 말씀이 마태복음 10장 42절
말씀이었기에, 그 말씀에 대하여 설명한 다음 아이들에게
이렇게 물었습니다.

"만일 너희들이 누군가로부터 선물을 받았다면,
하나님께서 누구를 더 사랑하실까? 선물 받은
너희들일까, 아니면 선물을 주신 분일까?"

"선물 주신 분이요."

"그럼 너희가 하나님께로부터 사랑받는 아이들이 되려면
선물을 받는 사람이 되어야 하겠니, 아니면 주는 사람이
되어야 하겠니?"

"주는 사람이요."

"두 아이는 적어도 이론적으로는 완벽하게 알고
있었습니다. 이제는 적용을 해야 할 차례였습니다. 먼저
승국이에게 물었습니다.

"네가 하나님께로부터 사랑받는 아이가 되려면, 이제 이
찬송가를 어떻게 해야겠니?"

"형아에게 줘야 해요."

"네 손으로 줘 봐."

승국이는 찬송가를 형에게 주었습니다. 뜻하지 않게

순순히 승국이가 찬송가를 주자, 승훈이의 표정은 금세
득의만면해졌습니다.

"승훈아! 네가 하나님께 사랑받는 아이가 되려면,
승국이가 준 이 찬송가를 이제는 어떻게 해야겠니?"
한동안 망설이던 승훈이가 대답했습니다.

"제 정직한 마음은요, 승국이가 양보했으니까 제가 갖는
거예요. 그런데 이 일을 어떻게 한다……?"
이미 동생의 양보로 자기 소유가 된 책에 대한 미련을
버리지 못하자 아내가 말했습니다.

"승훈아, 정직한 마음을 말한 것은 참 잘했어. 우리는
언제나 정직해야 돼. 그러나 더 중요한 것은, 하나님을
기쁘시게 해드리기 위해서는 정직한 우리의 마음이
원하는 것도 포기할 줄 아는 거란다."
심각한 표정을 짓던 승훈이가 마침내 찬송가를 승국이
앞으로 밀어 주었습니다.

저는 그 모습을 보면서, 앞으로 매일 하루씩 번갈아 가며
그 찬송가를 갖도록 판결을 내려 주었습니다.

또 누구든지 제자의 이름으로 이 소자 중 하나에게 냉수 한

그릇이라도 주는 자는 내가 진실로 너희에게 이르노니 그

사람이 결단코 상을 잃지 아니하리라(마 10:42)

"땡 잡았구나!"

추석 연휴가 시작되기 전날이었습니다. 학교에서 돌아온
첫째 승훈이에게 연휴 동안 숙제가 얼마나 되는지
물었습니다. 겨우 초등학교 2학년에 불과한데도 평소에
숙제가 얼마나 많은지, 때로 몇 시간씩 끙끙거리는
모습이 여간 애처로워 보이지 않았습니다. 그러나
그날 승훈이의 대답은, 의외로 숙제가 전혀 없다는
것이었습니다. 주일을 포함하여 나흘 동안이나 숙제가
없다니, 제 속이 다 후련해지는 것 같았습니다. 그 순간
느닷없이 제 입에서 튀어나온 말이 무엇인지 아십니까?
"야, 너 땡 잡았구나!"

승훈이가 제 얼굴을 빤히 들여다보며 물었습니다.

"아빠, 땡 잡았다는 게 뭐예요?"

아이의 질문을 받고서야 비로소 제 표현이 잘못되었음을 깨달았습니다. 그 순간 한편으로는 부끄러우면서도, 또 한편으로는 기쁘기도 했습니다.

기뻤던 까닭은, 승훈이가 '땡 잡았다'는 얘기를 난생 처음 들어 보았을 정도로 승훈이에게 '땡'의 세계가 생소했다는 것이었습니다. 만약 제가 지금도 예전처럼 밤마다 화투짝을 들고 '섰다'나 '고스톱' 판을 벌인다고 하십시다. 매일 그 광경을 보며 자란 승훈이가 "너 땡 잡았구나"라는 제 말에 "예, 장땡이에요" 혹은 "고도리예요"라고 화답한다면, 대체 집안 꼴이 어떻게 되겠습니까? 이런 까닭에, 승훈이가 "땡 잡았구나"라는 말을 알아듣지 못하는 것 자체가 기뻤습니다.

하지만 이런 기쁨보다는 부끄러움이 훨씬 더 컸습니다. 말할 것도 없이 저 자신에 대한 부끄러움이었습니다. 수치스런 고백입니다만, 저는 한때 노름꾼 같은 생활을 한 적이 있었습니다. 트럼프든 화투든 가리지 않고, 심할 때는 하룻밤에 서울 변두리 집 한 채 값을 잃거나

따기도 했습니다. 그러나 주님의 은혜를 입은 이후로
화투나 트럼프를 잡아 본 적도, 다른 사람의 도박을
구경해 본 적도 없었습니다. 그 대신 한 것이라고는 성경
읽고 기도하며 설교를 준비하는 등, 경건의 훈련에 애써
왔습니다. 그런데도 제 입에서 느닷없이, 그것도 아이에게
'땡 잡았구나'라는 말이 튀어나왔으니, 아이 앞에서 저
자신에 대한 부끄러움이 얼마나 컸겠습니까?

제 삶의 외적 모습과 달리 제 무의식 속에는, 이처럼 옛
삶의 잔재가 남아 있습니다. 이것은 우리에게, 성령님으로
거듭난 삶은 한순간에 완성되는 것이 아니라 계속
완성되어 가는 것임을 일깨워 줍니다. 지속적이고도
반복적인 훈련의 삶이 그래서 중요합니다. 만일 제가
말씀과 기도를 통한 경건의 훈련을 멈추어 버린다면, 저는
머지않아 아예 노름꾼의 옛 삶으로 회귀하고 말 것입니다.

> 너희는 유혹의 욕심을 따라 썩어져 가는 구습을 따르는
> 옛 사람을 벗어버리고 오직 너희의 심령이 새롭게 되어
> 하나님을 따라 의와 진리와 거룩함으로 지으심을 받은 새
> 사람을 입으라(엡 4:22-24)

승훈이와 자전거

3층의 제 서재에서 내려다 보니 승훈이가 양화진
마당에서 자전거를 타고 있는 모습이 보였습니다.
저는 하던 일을 멈추고 승훈이가 놀고 있는 양화진으로
산책을 나갔습니다. 양화진 마당에 들어서자 화단 앞에
앉아 있는 승훈이의 모습이 보였습니다. 잠시 쉬는
것이겠거니 하고 살펴보니 자전거가 보이지 않았습니다.
자전거는 어디에 있느냐고 묻자 어떤 형이 잠깐 타보자고
해서 빌려주었더니 타고 나가버렸다는 것이었습니다.
아는 형이냐고 물었더니 오늘 처음 보는 형이었다고
했습니다.

순간 저는 당혹감을 느끼지 않을 수 없었습니다. 오래전
바로 그곳에서 승훈이는 자전거 한 대를 잃어버린 적이
있었습니다.

그래서 왜 모르는 사람이 자전거를 타고 가게 내버려
두었냐고 물으면 평소에 '너의 귀한 것으로 남을
대접하라'고 가르친 것을 저 스스로 뒤집는 것이고,
그렇다고 가만히 내버려 두면 자전거를 몇 대 더
잃어버릴지 모를 일이었습니다. 그러니 제가 어떻게
해야 할 것인지 판단이 서지 않아 당혹스러울 수밖에
없었습니다.

마침내 저는 승훈이에게 조심스럽게 물었습니다.

"승훈아, 만약 그 형이 돌아오지 않으면 어떻게 하지?"

승훈이는 뜻밖에도 이렇게 대답하였습니다.

"왜 안 온다고 생각하세요? 꼭 돌아올걸요."

그 말을 듣는 순간 제 마음이 뜨끔했습니다. 이미 그
아이를 도둑으로 간주하고 있는 자신의 모습을 발견했기
때문입니다. 할 말을 잊고 머뭇거리고 있는데 갑자기
승훈이가 "형!" 하고 벌떡 일어났습니다.

바라보니 한 아이가 승훈이의 자전거를 타고 양화진으로

달려 들어오고 있었습니다. 그 아이를 보자 이번에는
제 얼굴이 뜨겁게 달아올랐습니다. 저 자신에 대한
부끄러움 때문이었습니다.

자기의 귀한 것을 나누어 갖기를 원한 승훈이의
마음이야말로, 설령 자전거를 계속 잃더라도 길이
지켜져야 할 보배로운 마음이 아닐 수 없었습니다.
그러나 저는 하마터면 자전거 한 대 때문에 승훈이의
그 아름다운 마음을 송두리째 깨어버릴 뻔했습니다.
명색이 목사가 말입니다. 그래서 하나님께서는 자식에게
하나님의 말씀을 가르치기 전에 먼저 '네 마음' 속에
말씀을 새기라고 명령하십니다.

> 오늘날 내가 네게 명하는 이 말씀을 너는 마음에 새기고 네
> 자녀에게 부지런히 가르치며 집에 앉았을 때에든지 길에
> 행할 때에든지 누웠을 때에든지 일어날 때에든지 이 말씀을
> 강론할 것이며(신 6:6-7)

"싫어도 하는 거야"

저녁을 먹다가 우연히 결혼 얘기가 나왔습니다. 제가
아이들에게 물었습니다.

"너희들은 이다음에 어떤 여자랑 결혼할 거니?"

둘째인 승국이가 순발력 있게 먼저 대답했습니다.

"나는 뚱뚱한 여자하고는 결혼하지 않을 거야. 아주
날씬하고 예쁜 여자랑 결혼할 거야."

승국이의 말이 끝나자 첫째인 승훈이가 승국이에게
다음과 같이 말했습니다.

"결혼은 네가 하고 싶다고 하는 게 아냐. 네가 싫어도
부모님이 정해 준 사람과 하는 거야."

저는 그 말을 듣고 한편으로는 깜짝 놀라면서도
한편으로는 흐뭇하기 짝이 없었습니다. 나중에 승훈이의
생각이 어떻게 변화되든, 지금 당장 부모의 말에
순종할 마음가짐이 되어 있는 그 아이의 자세가 너무나
대견스러웠기 때문입니다. 저는 그날 밤 "싫어도 하는
거야"라는 승훈이의 말을 곱씹으면서 하나님 앞에서
신앙의 자세에 대하여 생각해 보았습니다.
주님께서는 누가 주님을 사랑하는 자인지를 다음과 같이
명쾌하게 정의해 주셨습니다.

> 나의 계명을 가지고 지키는 자라야 나를 사랑하는 자니
>
> 나를 사랑하는 자는 내 아버지께 사랑을 받을 것이요 나도
>
> 그를 사랑하여 그에게 나를 나타내리라(요 14:21)

그렇다면 참으로 주님을 사랑하는 그리스도인이란
주님의 말씀을 따라 '싫어도 행하는 자'임을 알 수
있습니다. 승훈이가 "싫어도 하는 거야"라는 말 한마디만
하여도 저의 마음이 그처럼 흐뭇한데, 우리가 실제로
'싫어도 행하는' 그리스도인이 될 때 하나님께서 얼마나

우리를 사랑해 주시겠습니까?

세상에 어느 부모치고 자식에게 나쁜 '신부'를 골라줄 사람이 있겠습니까? 하물며 하나님께서 어찌 나쁜 것을 우리에게 하라고 명령하시겠습니까? 진정 우리가 하나님의 인격을 믿는다면 '싫어도 행하는' 삶을 거듭해야 하고, 그러다 보면 '좋아서 행하는' 진짜 그리스도인이 될 수 있습니다. '싫어도 행하는' 가운데 그 말씀의 능력과 맛과 멋을 확인하게 되기 때문입니다.

새해가 밝았습니다. 이 해에 정말 멋진 그리스도인의 삶을 사시기를 원하십니까? 그렇다면 잊지 마십시오.

— "싫어도 하는 거야."

> 내 아버지여 만일 할 만하시거든 이 잔을 내게서 지나가게 하옵소서 그러나 나의 원대로 마시옵고 아버지의 원대로 하옵소서(마 26:39하)

승훈이를 업어 준 까닭

지난 명절 때의 일입니다. 저녁을 먹고 난 뒤 아이들이
윷놀이하기를 원했습니다. 그래서 저는 문방구에서
윷을 사 오기로 한 첫째 승훈이에게 천 원짜리 한
장을 주었습니다. 잠시 후 윷을 사서 돌아온 승훈이의
손에는 조금 전 제가 주었던 천 원짜리가 그대로 들려
있었습니다.

"승훈아, 돈은 드리지 않고 그냥 윷만 가지고 왔니?"
이상하다는 표정을 지으면서 승훈이가 대답을 했습니다.
"거 이상하네. 분명히 돈을 드린 것 같은데……."
마침, 낮에 오셨던 친척들이 승훈이에게 세뱃돈을 주시던

것이 생각났습니다.

"낮에 받은 세뱃돈을 드린 것 아니니?"

"글쎄요. 그런 것 같기도 하고 아닌 것 같기도 해요."

"세뱃돈 남은 것을 세어 보렴."

"전부 얼마 받았는지 모르겠는데요."

"그럼, 어떻게 했으면 좋겠니?"

"문방구에 다시 가서 주인 아저씨가 돈을 받았는지
아닌지 물어보고 올게요."

승훈이의 대답이 대견스러워 저도 승훈이를 따라
나섰습니다. 문방구에 도착한 다음 저는 한발 뒤에서
승훈이가 어떻게 처리하는지 지켜보기로 했습니다.

"아저씨, 조금 전에 제가 웅을 살 때 돈을 드렸나요?"

"글세…… 손님이 워낙 많았으니 기억이 나질 않는구나."

"기억이 나지 않으시면 이 돈 받으세요. 저도 생각이
나질 않아서 그래요. 천 원 맞죠?"

승훈이는 들고 있던 천 원짜리를 아저씨에게
드렸습니다. 문방구를 나서면서 저는 승훈이의 손을
꼭 잡아 주었습니다. 조금 걷다 보니 그것도 부족한 것
같았습니다.

"승훈아, 아빠가 업어 줄게."

"왜요?"

"그냥 업어 주고 싶어서."

승훈이는 좋아라고 업혔습니다만, 왜 제가 업어 주는지 그 까닭을 알지는 못했습니다. 저는 몇 년 전보다 한결 무거워진 승훈이를 업고 밤길을 걸으면서, 하나님께 이렇게 기도드렸습니다.

"하나님, 승훈이의 이 바른 마음이 일평생 변치 않도록 지켜 주십시오."

> 비록 아이라도 그 동작으로 자기의 품행의 청결하며 정직한 여부를 나타내느니라 듣는 귀와 보는 눈은 다 여호와의 지으신 것이니라(잠 20:11-12)

02

이것만으로도
족합니다

"조수 고마워!"

주일 저녁 찬양예배를 마치고 집으로 돌아오는 차
안에서였습니다. 셋째 승윤이가 둘째 승국이 형더러 가방
속에서 무엇인가를 꺼내 달라고 했습니다. 승국이가
승윤이의 부탁을 들어 준 듯, 승윤이가 형에게 이렇게
말했습니다.
"조수 고마워!"
그 말을 들은 승국이가 승윤이를 점잖게 꾸짖었습니다.
"너 형한테 조수가 뭐니?"
하지만 승윤이는 다시 똑같은 말을 했습니다.
"조수 고마워!"

그러자 승국이는 정말 화가 났습니다.

"내가 네 형이지 네 조수냐?"

그런데도 승윤이의 응답은 변함이 없었습니다.

"조수 고마워!"

마침내 참을 수 없다는 듯 승국이가 앞자리에 있는
아빠와 엄마의 도움을 청하기에 이르렀습니다.

"승윤이가 자꾸 나더러 자기 조수래요. 야단 좀
쳐주세요."

제가 들어도 승윤이의 말은 분명히 "조수 고마워!"처럼
들렸습니다. 그러나 이제 겨우 만 3년 6개월밖에 되지
않은 승윤이가 '조수'란 말을 알 것 같지가 않았습니다.
아직 발음이 분명치 않은 승윤이가 무엇인가 잘못 말한
것 같았습니다. 그래서 제가 승국이에게 '조수 고마워!'
란 말이 혹시, 자기가 원하는 것을 '줘서 고마워!'란 뜻이
아닌지를 물어보게 했습니다. 승국이는 승윤이가 분명히
자기를 '조수'라고 불렀다며 싫다고 했습니다. 그러자
아내가 말했습니다.

"승국아, 확인하지도 않고 오해하는 것은 좋지 않단다.
어디 한번 직접 물어 보렴."

마침내 승국이가 승윤이에게 물었습니다.

"네가 나더러 한 말이 '조수 고마워!'란 말이니? 아니면
'줘서 고마워!'란 말이니?"

승윤이가 또렷한 발음으로 대답했습니다.

"줘서 고마워!"

그제서야 승국이의 오해가 풀렸습니다.

둘이는 서로 "미안해" 하면서 화해의 악수를
나누었습니다. 얼마나 자주, 우리는 우리의 잘못된 이해
때문에 사람을 오해하는지요? 그래서 대화가 중요합니다.
대화 없는 곳에 바른 이해가 있을 턱이 없습니다. 그러나
이제 세 살 반밖에 되지 않은 승윤이가 아닌 바에야,
남이 오해하지 않도록 바르게 말하는 것이 무엇보다도 더
중요합니다.

경우에 합당한 말은 아로새긴 은쟁반에 금사과니라

(잠 25:11)

승훈이의 찡그린 사진

지난 겨울 방학이 끝나갈 무렵, 뜻하지 않게 승훈이에게
미국 여행을 할 수 있는 기회가 주어졌습니다. 열흘 내에
여권과 비자를 발급받아야만 했습니다. 여권용 사진을
찍는 것이 제일 첫 순서였습니다. 행여라도 여권이나
비자가 발급되지 않을 경우 승훈이가 실망하지 않도록,
비자가 나올 때까지는 승훈이에게 '미국 여행' 얘길 하지
않기로 했습니다.

마침 사진을 찍으러 가는 날은, 하필이면 승훈이가
둘째 승국이의 유치원에 놀러가기로 한 날이었습니다.
승훈이는 자기 계획이 더 소중하므로 사진을 찍으러

가지 않겠다며 거부했습니다. 그도 그럴 것이, 이유도 설명해 주지 않고 사진을 찍고 오라니 당연한 반응일 수밖에 없었습니다. 마침내 승훈이가 짜증을 내면서 왜 자기 계획을 깨뜨리면서까지 사진을 찍어야 하는지 그 이유를 설명해 달라고 했습니다.

저는 이렇게 말할 수밖에 없었습니다.

"승훈아, 가끔은 이유를 말할 수 없을 때도 있단다. 그러나 잘 생각해 봐. 아빠가 이제껏 네게 무엇을 하라고 한 것 중에서 결과가 네게 좋지 않았던 것이 하나라도 있었니?"

"……없었어요……."

"그렇다면 이번에도 아빠를 믿고, 가서 사진을 찍으렴. 그 이유는 이제 곧 알게 될 거야. 물론 너도 굉장히 기뻐할 일이야."

어쩔 수 없다는 듯 사진을 찍으러 나가는 승훈이의 얼굴엔 못마땅한 표정이 역력했습니다. 아나나 다를까, 사진 속의 승훈이는 완전히 찡그린 얼굴이었습니다.

며칠 후 여권이 나오고, 비자 인터뷰를 위해 미국 대사관을 가는 날 승훈이는 비로소 '미국 여행'을 알게

되었습니다. 자기 계획을 포기하면서까지 왜 사진을
찍어야만 했는지 그 의문이 절로 풀린 셈이었습니다.
마침내 비자가 발급되던 날, 승훈이는 신기한 듯 여권을
들여다보면서 얼마나 기뻐했는지 모릅니다. 그러나
여권에 붙어 있는 승훈이의 사진만은 여전히 찡그린 얼굴
그대로였습니다.

우리는 삶 속에서 우리 계획과는 전혀 상관 없이
일어나는 크고 작은 일들로 인해, 얼마나 자주 하나님을
향해 얼굴을 찡그립니까? 그러나 왜 믿지 못하십니까?
비록 내 계획은 무산될지라도, 바로 그 상황 속에서 나를
향하신 하나님의 더 좋으신 계획이 지금 착착 진행 중에
있다는 사실을 말입니다.

> 여호와의 말씀에 내 생각은 너희 생각과 다르며 내 길은
> 너희 길과 달라서 하늘이 땅보다 높음같이 내 길은 너희
> 길보다 높으며 내 생각은 너희 생각보다 높으니라(사 55:8-9)

"가끔은 외식하게 해주세요"

아이들과 가정예배를 드리면서 마침 마태복음 23장을
묵상할 차례인 날이었습니다. 마태복음 23장은
예수님께서 외식하는 서기관들과 바리새인들을
꾸짖으신 장으로 유명합니다. 아이들에게 예수님의
말씀을 잘 이해시키기 위해서는, 무엇보다도 '외식外飾'
이라는 단어의 의미가 무엇인지 제대로 가르쳐 주어야만
했습니다.
"만약 너희들의 몸에 더러운 냄새가 나는 기름이 온통
묻었다고 치자, 그러면 어떻게 해야 되겠니?"
"당연히 씻어야지요."

"그런데 만약 너희 중에 한 사람이 몸을 씻지 않고 그 위에 새 옷만 입었다면 어떻게 될까? 더러운 냄새가 지워질까?"

"아니요. 그대로 나요."

"그래. 몸을 씻지 않는 한, 아무리 새 옷을 몇 번이고 갈아입어도 냄새는 절대로 지워지지 않는 법이야. 옷을 갈아입기 전에 반드시 깨끗하게 목욕을 먼저 해야만 되는 거야. 이처럼 우리 마음속에 더러운 죄를 가득 담고서 겉모양만 예쁘게 꾸민다고 죄가 가려지는 것은 아니야. 죄의 냄새는 그대로 있는 법이지. 그래서 우리는 언제나 먼저 마음을 깨끗이 하는 사람들이 되어야 해. 바리새인들과 서기관들은, 더러운 마음은 그대로 두고 겉모습만 꾸미다가 예수님께 크게 꾸지람을 들었단다. 그건, 더러운 기름 묻은 사람이 몸을 씻지 않고 옷만 갈아입은 것과 똑같은 짓이었기 때문이야. 너희들은 늘 마음을 먼저 깨끗이 해서 예수님께 칭찬받는 어린이들이 되어야 하는 거야. 알겠니?"

"예!"

아이들은 힘찬 목소리로 대답했습니다. 이제 돌아가면서

기도하는 차례가 되었습니다. 먼저 아내가 '외식하는 자'가 되지 않도록 기도를 드렸습니다. 첫째 승훈이도 마찬가지였습니다.

이윽고 이번에 초등학교 1학년이 된 둘째 승국이 차례가 되었을 때, 승국이는 이렇게 기도를 드렸습니다.

"하나님, 우리 아빠가 바쁘셔서 자주는 외식을 하지 못한다 해도, 아빠와 함께 가끔은 외식하게 해주세요."

저의 설명에도 불구하고 승국이는 '외식外飾'을 '외식外食'으로 이해하고 있음이 분명했습니다. 그러나 어떻습니까? 승국이는 가끔 '외식外食'을 원했지만 당신은, 실은 매일 '외식外飾'하고 있는 것은 아닙니까?

> 화 있을진저 외식하는 서기관들과 바리새인들이여 회칠한 무덤 같으니 겉으로는 아름답게 보이나 그 안에는 죽은 사람의 뼈와 모든 더러운 것이 가득하도다 (마 23:27)

복통의 원인

첫째 승훈이가 학교에서 복통을 일으켜 조퇴하였습니다.
초등학교 입학 후 처음 있는 일이었습니다. 병원을
찾은 승훈이에게 의사 선생님이 던진 첫 질문은 딸기를
먹었느냐는 것이었습니다. 승훈이가 그전 날 딸기를
먹었다고 대답하자, 의사 선생님은 요즘 복통으로 병원을
찾는 아이들 대부분이 딸기 때문이라고 했습니다. 딸기는
껍질을 벗기고 먹는 과일이 아닌 탓에, 딸기 겉에 묻어
있는 과다한 농약이 복통의 원인이라는 것이었습니다.
그제야 이해되는 일이 있었습니다. 그 며칠 전
밤이었습니다. 심방을 마치고 밤늦게 귀가하자, 그때까지

주무시지 않고 계시던 어머님께서 딸기를 씻어다
주셨습니다. 어머님께서는 연로하신 데다, 교통사고로
한쪽 팔을 쓰지 못하시기에 무엇이든 제대로 씻으실
수 없습니다. 그래서 흐르는 수돗물에 딸기를 한번
흔들어다 주신 것이었습니다. 그 딸기를 먹은 뒤 제
입천장이 벗겨졌습니다. 이튿날 아침에는 입천장은 말할
것도 없고 속마저 심하게 쓰렸습니다. 저는 단지 누적된
피곤 탓이라고만 여겼습니다. 그러나 의사 선생님의
말을 듣고 보니, 결국 그것도 농약 때문이었음을 알게
되었습니다. 딸기뿐 아니라 토마토나 오이처럼 껍질을
벗기지 않고 먹는 과일이나 채소의 경우, 흐르는 물에
오래도록 제대로 씻지 않으면 모두 복통의 원인이 된다고
합니다. 두말할 것도 없이 농약으로 인함입니다.
지금 농약으로 사람들의 건강이 위협받고 있습니다.
농약을 전혀 쓰지 않을 수는 없지만, 규정을 어겨
가면서까지 과다하게 살포하는 데 문제가 있습니다.
그래서 오래전부터 서울의 부유한 사람들은, 시골
농부에게 농약이나 화학비료를 쓰지 않는 조건으로
비싼 값에 쌀이나 채소를 특별 주문하여 먹는 것으로

알려져 있습니다. 약 2년 전 텔레비전에서 이런 주문에
응한 농부의 인터뷰를 시청한 적이 있었습니다. 기자가
농부에게 물었습니다. 물론 농부의 얼굴은 누군지
알아 볼 수 없도록 모자이크 처리되어 있었습니다.

"정말 농약이나 화학비료를 일절 쓰지 않습니까?"

"쓰고 있습니다."

"그렇다면 약속 위반 아닙니까? 왜 쓰십니까?"

"땅이 죽어 버려 농약과 화학비료를 쓰지 않으면 소출이
되지 않기 때문입니다."

그 농부는 농약과 화학비료를 쓰지 않는다는 조건으로
웃돈까지 받았지만, 실제로는 자신의 고객들을 속이고
있었습니다. 다시 말해 그의 고객들은 웃돈까지
내가면서 농약이 살포된 쌀과 채소를 받아먹는
셈이었습니다.

우리가 참된 그리스도인이 되지 않으면, 우리가 하는
일과 만든 것이 이처럼 사람의 생명을 위협하는 독약과
흉기가 될 수 있습니다. 그리스도인은 무슨 일을 하고
무엇을 만들든, 언제나 사람을 살리는 사람입니다.

내 아버지의 뜻은 아들을 보고 믿는 자마다 영생을 얻는

이것이니 마지막 날에 내가 이를 다시 살리리라(요 6:40)

승윤이의 승주 관리

작년 초까지만 해도 셋째 승윤이는, 승훈이 형이나
승국이 형이 노는 방에 함부로 들어갈 수 없었습니다.
승윤이가 들어갔다 하면, 형아들의 책상 서랍을 온통
뒤져놓거나 아니면, 형들이 애써 만든 장난감 집들을
송두리째 망가뜨려 놓기에, 형아들이 아예 금족령을
내린 탓이었습니다.

어쩌다 들어가기라도 하면 형아들이 승윤이를 번쩍 들어
문 밖에 내려놓은 다음, 무정하게도 안에서 문을 잠가
버리기 일쑤였습니다. 그때마다 문을 두드리며 목 놓아
우는 승윤이의 모습이 얼마나 처량했는지 모릅니다.

이제 3년 9개월 된 승윤이는 더 이상 형아들의 방 앞에서 처량하게 울고 서 있지 않아도 됩니다. 예전처럼 형아들의 '방해꾼' 노릇을 이제는 하지 않기에 형아들이 '금족령'을 해제해 준 덕분입니다. 그렇다고 형아들의 문 앞에서 울고 섰는 아이의 모습이 완전히 사라진 것은 아닙니다. 이제는 막내인 승주의 신세가 그렇게 되었기 때문입니다.

현재 만 18개월인 승주가 마음대로 걷기 시작하면서, 마치 예전에 승윤이가 그렇게 했던 것처럼 형아들의 서랍을 뒤지기도 하고 형아들의 '작품'을 파괴하기 시작했습니다. 승주에게 금족령이 내려진 것은 두말 할 나위가 없습니다.

그런데 놀라운 사실은, 승주에게 금족령을 선포한 장본인이 바로 승윤이라는 것입니다. 그 방 안에 있는 재산(?)의 대부분은 아직까지 두 형아들에게 속해 있기에, 설사 승주가 들어온다 해도 승윤이에게 손해될 일은 없습니다. 그렇지만 형아들의 방에 들어온 승주를 안아서 문 밖에 쫓아내는 아이도 승윤이요, 안에서 문을 걸어 잠그는 아이도 승윤이요, 거실에서 함께 놀다가도

승주가 형아들의 방에 들어가려는 기색만 보이면 재빨리
뛰어가 문을 닫아 버리는 아이도 승윤이입니다. 이처럼
승윤이의 승주 관리는 철저합니다. 얼마 전까지 닫혀진
문 앞에서 목 놓아 울던 승윤이야말로, 당연히 승주의
가장 큰 동조자가 되어야 할 것 같은데도 말입니다.
만원버스에 제일 마지막으로 탄 승객이 '그만 태우라'
고 외친다는 이야기를 아시지요. 당신의 경우는
어떻습니까? '그냥 출발하자'고 외치는 사람입니까?
아니면 아직 타지 못한 이들의 입장에 서서 '더 태워주자'
고 간청하는 사람입니까?

> 자기가 시험을 받아 고난을 당하셨은즉 시험받는 자들을
> 능히 도우시느니라(히 2:18)

"내 고드름 어디 갔어?"

지난 여름에 아이들이 제일 좋아한 빙과류는, 그 맛이
새큼한 '고드름'이었습니다. 종이컵에 들어 있는 '고드름'
은 물감을 전혀 들이지 않은 순수한 얼음과자이면서도,
냉장고에서 나오는 얼음과는 달리 다음과 같은 특징을
갖고 있었습니다.

첫째, 냉장고 얼음은 쉬 녹는 데 비해 '고드름'은 잘 녹지
않습니다. 그래서 한 컵의 '고드름'을 다 먹을 때까지
'고드름'은 그 모습이 거의 흐트러지지 않습니다.

둘째, 냉장고 얼음은 투명하지만, '고드름'은 마치 젖유리
색깔처럼 불투명합니다.

셋째, 냉장고 얼음의 표면은 미끄러워 손으로 잡기가 쉽지 않습니다. 그러나 '고드름'은 마찰력을 느낄 정도로 거칠어, 손가락으로 집어도 전혀 미끄러지는 법이 없습니다.

넷째, 정육면체 모양인 냉장고 얼음과는 달리, '고드름'은 흡사 작은 돌멩이들처럼 불규칙한 모습을 갖고 있습니다.

이처럼 냉장고 얼음과 판이하게 다른 '고드름'의 특성 때문에, 이제 만 네 살인 셋째 승윤이는 '고드름'을 먹으면서도 '고드름'이 얼음이라는 사실을 전혀 몰랐나 봅니다.

그날 밤도 승윤이가 저녁 식사 후 식탁에서 '고드름'을 먹고 있었습니다. 그 자리에 함께 있던 제가 '고드름' 컵의 안내문을 읽게 되었습니다. 다른 청량음료와 섞어 먹으면 더 좋다는 설명이었습니다. 마침 싱크대 위에 아이들이 먹다 남긴 콜라 병이 보이길래, 설명과 함께 승윤이 '고드름' 컵에 콜라를 부어 주었습니다. 그때 첫째 승훈이가 방 안에서 승윤이를 불렀습니다. 승윤이는 '고드름' 컵을 제게 맡기고는 방으로 뛰어가더니, 무얼 하고 노는지 나오지를 않았습니다. 한참 지나 신문을 보고 있으려니, 그제서야 승윤이가 되돌아왔습니다.

그리고 식탁에 앉아 '고드름' 컵을 당기던 승윤이가
갑자기 소리쳤습니다.

"내 고드름 어디 갔어?"

그리고는 막무가내로 울기 시작했습니다. 들여다보니
미지근하던 콜라 속에서 고드름은 이미 다 녹아 버린
후였습니다. 자칫 제가 '고드름' 도둑의 누명을 쓸
판이었습니다. '고드름'은 얼음이라는 것과, 얼음은
반드시 녹는다는 것, 그리고 고드름이 녹았기
때문에 콜라가 시원한 '고드름 콜라'가 되었다는 것을
승윤이에게 납득시키는 데는 얼마나 많은 시간과 노력이
필요했는지 모릅니다.

당신은 어린 승윤이도 아니면서 왜 없어진 '고드름'만을
찾고 계십니까? 왜 당신 앞에 놓여 있는 멋지고도 시원한
'고드름 콜라'를 발견하지는 못하십니까? 성숙한 믿음은
성숙한 '눈'과 더불어서만 가능합니다.

> 우리가 알거니와 하나님을 사랑하는 자 곧 그 뜻대로
> 부르심을 입은 자들에게는 모든 것이 합력하여 선을
> 이루느니라 (롬 8:28)

"왜 나만 검어요?"

수요예배를 마치고 돌아오는 차 안에서 갑자기 셋째
승윤이가 물었습니다.

"아빠! 왜 나만 검어요?"

네 아이들 중 세 아이들의 피부는 하얀데, 승윤이만은
날 때부터 유난스레 검은색이었습니다. 그래서 사정을
모르시는 분들은 승윤이를 보고는, "쟤는 어디를 갔다
왔길래 저렇게 탔어요?" 하고 묻곤 합니다.

이제 만 3년 10개월이 된 승윤이는, 예전과는 달리
형제들과 자신의 다른 피부 색깔을 의식하는 나이가
되었나 봅니다.

"누가 뭐라고 그랬니?"

"네, 형아들이 놀려요."

그다음 할 말이 갑자기 생각나지 않았습니다. 제가 잠시
머뭇거리자, 마침 함께 차를 타고 있던 L집사님이 얼른
승윤이에게 이렇게 말했습니다.

"승윤아! 그건 나쁜 색깔이 아니라 튼튼한 색깔이야.
집사님을 봐! 이렇게 온몸이 하야니까 매일
콜록콜록하고 병만 들지 않니. 하나님께서 승윤이를
특별히 사랑하셔서 너한테만 튼튼한 색깔을 주신 거야."

집사님의 설명에 승윤이는 흡족해하였습니다. 그러나
피부색이 하얀, 나머지 아이들이 마음에 걸렸습니다.
그 아이들이, 하나님께서 나는 사랑하지 않으셔서
'약한 색깔'을 주셨다고 잘못 오해할 수도 있을 것
같아서였습니다. 그래서 제가 이렇게 말했습니다.

"하얀색은 하얀색대로 튼튼한 색이고, 검은색은
검은색대로 튼튼한 색이야. 하나님께서는 우리 모두에게
꼭 맞는 '튼튼한 색깔'을 주시는 거야."

제 마음을 읽은 아내가 이렇게 거들었습니다.

"하나님께서는 우리를 모두 다르게 지으셨어. 그래서

우리는 하나님 앞에서 모두 최고가 될 수 있는 거란다."
아이들을 네 명이나 키우다 보면, 모두를 동시에 만족게
하기는 퍽 어렵다는 사실을 늘 경험하게 됩니다. 이
아이를 칭찬하는 말이 다른 아이에게 상처를 줄 수도
있고, 저 아이가 기뻐하면 이 아이가 토라질 수도
있습니다. 이것이 바로 인간 된 부모의 한계입니다.
그런데 우리 하나님 아버지는 어떠하십니까? 그분의
사랑은 누구에게도 상처를 주지 않습니다. 그분이
주시는 기쁨은 누구를 토라지게 하지도 않습니다. 왠지
아십니까? 그분은 우리 한 사람 한 사람을 개별적으로
아시고, 우리의 체질을 아시며, 우리의 속마음을 다 알고
계시기 때문입니다.

젊은 사자는 궁핍하여 주릴지라도 여호와를 찾는 자는 모든
좋은 것에 부족함이 없으리로다(시 34:10)

승국이의 질문

지난 7월 12일 밤 10시 17분, 일본을 강타한 진도 5의
지진으로 97명이 순식간에 생명을 잃었고, 160명이
행방불명되었으며, 중상자는 206명에 이르렀습니다.
그 위에, 경제적 피해는 당장 산출이 불가능할 정도로
막심하였습니다. 많은 것을 생각하게 해준 끔찍한
천재지변이었습니다.

다음 날 저녁이었습니다. 지진 피해 상황을 보도하는
텔레비전 뉴스를 시청하던 초등학교 1학년생 둘째
승국이가 대뜸 이런 질문을 했습니다.

"아빠, 이 세계가 흔들리면 어디로 가야 하지요?"

승국이의 질문에 저는 적이 놀랐습니다. 땅이 흔들리는
지진으로 폐허가 된 현장을 TV를 통해 보면서 이제
겨우 초등학교 1학년이, '이 세계가 흔들릴 경우 어디로
갈 것인가?'라는 철학적인 질문을 던졌다는 것은 분명
예사로운 일이 아니었습니다. 승국이는 자기 질문에
대해 어떤 답을 가지고 있는지 알아보기 위해 제가
물었습니다.
"글쎄, 이 세계가 흔들리면 어디로 가야 되지?"
"아빠, 정말 그것도 모르세요?"
"정말 모르겠네. 네가 가르쳐 주렴."
승국이가 씩 웃으면서 말했습니다.
"이 세 개가 흔들리면 생각할 것도 없이 치과에
가야지요."
그 아이가 말한 '이 세 개'는 제가 지레짐작했던 것처럼
'이 세계'가 아니라 '치아 세 개'를 의미하였습니다.
이를테면 승국이의 질문은 넌센스 퀴즈였습니다. 그런
줄도 모르고 승국이가 대단한 철학적 질문이라도 제기한
것처럼 한순간이나마 으쓱했으니, 착각도 보통 착각이
아니었습니다.

그렇습니다. '이 세 개'가 흔들리면 주저 없이 치과로 가야 합니다. 아니, 치아 하나만 흔들려도 치과를 찾아야 합니다. 사람들은 몸이 아프면 아픈 부위에 따라 전문병원을 찾아갑니다. 이 세상 사람들은 저마다 병원 전문가들입니다. 그러나 정작 '이 세계'가 흔들리는 것에 대해서는 아무 대비도 하지 않습니다.

'이 세계'가 흔들리는 것은 땅이 요동치는 지진만을 의미하지 않습니다. 우리가 살고 있는 이 세상이 돈과 권력과 성과 폭력의 우상 앞에서 굉음을 내며 무너져 내리고 있습니다. 그리고 바로 그 세상 속에서 당신이, 당신의 자녀가 살고 있습니다. 당신은 온통 지축이 뒤흔들리고 있는 이 세계에서 지금 어디로 가고 계십니까?

> 여호와는 나의 반석이시요 나의 요새시요 나를 건지시는
> 이시요 나의 하나님이시요 내가 그 안에 피할 나의
> 바위시요 나의 방패시요 나의 구원의 뿔이시요 나의
> 산성이시로다(시 18:2)

막내가 둘째

만 19개월 된 막내 승주는 어느덧 세 형아들과 함께
식탁에 앉아 식사를 하기에 이르렀습니다. 그렇다고
예의범절을 갖춘 식사를 하는 것은 전혀 아닙니다. 쏟고
흘리고 엎지르긴 하지만, 형들의 양해하에 여엿한
가족의 일원으로 대접받고 있습니다.

식사를 하는 도중 승주는 자꾸 엄마와 숟가락을
바꾸자고 합니다. 숟가락질이 서툰 이유가 자기 숟가락이
나쁘기 때문이라고 착각하기 때문입니다.

승주의 그 모습은, 예전에 그와 똑같은 행동을 보였던
승국이에 대해 썼던 글을 기억나게 해주었습니다. 그래서

찾아보았더니, 1988년 5월에 발행된 '믿음의
글들—열 번째 서신'의 첫머리가 다음과 같이 시작되고
있었습니다.

"봄이 되어 아내가 대청소를 하고 있었습니다. 아직 두
살도 안 된 막내는 무엇이 그리도 좋은지 신이 나서
엄마 뒤를 쫓아다닙니다. 먼지를 턴 다음 비질을 하는
엄마에게 승국이는 자기도 하겠다는 시늉을 합니다.
엄마가 비 한 자루를 건네주자 엄마 곁에서 함께 비질을
시작합니다. 잠시 후 승국이는 엄마 빗자루와 자기 것을
바꾸자고 합니다. 그리고는 이내 다시 바꾸고, 그러기를
몇 번이나 계속합니다. 엄마에 비해 자기의 비질이 서툰
까닭이 빗자루에 있다고 생각하는 승국이는, 계속하여
엄마의 것과 바꾸자는 것입니다. 엄마의 손에 있는
빗자루가 자꾸만 더 좋아 보이기 때문입니다. 문제의
원인이 자기의 부족함에 있음을 알지 못한 승국이로서는
당연한 일이었습니다."

5년 전에 썼던 글을 이처럼 새삼스럽게 인용하는 것은,
단순히 승국이와 승주의 똑같음을 강조하고자 함이
아닙니다.

5년 전의 글 속에서 제가 승국이를 '막내'라 부르고 있음을 발견했기 때문입니다. 승국이를 가리켜 그냥 '승국'이라거나 혹은 '둘째'라 표현하지 않고 '막내'라 불렀다는 것은, 적어도 그 당시에는, 그 이후에 세 번째 아이와 네 번째 아이가 태어날 것이라는 사실을 상상도 하지 않았음을 의미합니다. 결과적으로 따지자면, 5년 전에 막내라 생각했던 아이가 5년 만에 두 동생을 거느리는 둘째 아들이 되었습니다.

불과 5년 동안, 전혀 예상치도 않았던 일이 이처럼 현실 속에 펼쳐지고 있으니, 도대체 우리가 무엇을 안다 하며 무엇을 예견한다 말할 수 있겠습니까?

그래서 주님께서는 이렇게 말씀하고 계십니다.

그러므로 내일 일을 위하여 염려하지 말라 내일 일은 내일 염려할 것이요 한 날 괴로움은 그날에 족하니라 (마 6:34)

"이것만으로도 족합니다"

제 일이 바쁜데다 아이들이 넷씩이나 되다 보니,
아이들에게 개별적으로 깊은 관심을 표해 주지 못하는
데 대해 늘 미안한 마음을 갖고 있었습니다.
마침 지난 월요일 저녁, 모처럼 한가한 틈을 이용하여
첫째 승훈이만을 데리고 외출을 했습니다. 동네에서
저녁이나 하면서 얘기를 나눌 심산으로 집을 나섰는데,
나서고 보니 합정동을 벗어나는 것도 좋겠다는 생각이
들어, 신촌을 행선지로 잡고 지하철을 탔습니다.
그러나 지하철을 탄 뒤, 또다시 마음이 변했습니다.
이왕이면 승훈이가 보지 못한, 좀더 새롭고 넓은 세상을

보여 주고 싶었습니다. 그래서 '을지로 입구'에서 내린
우리는 명동으로 들어섰습니다.

그 옛날 밤이면 친구들과 술집을 누비던 명동을,
이제 사랑하는 아들의 손을 잡고 거니는 감회는 실로
새로웠습니다. 이 골목 저 골목을 순례하던 우리의
시야에 '산낙지'란 간판이 들어왔습니다.

우리는 한마음이 되어 그 집으로 들어갔습니다.
'산낙지'가 나왔을 때, 이제 초등학교 3학년인 승훈이가
이렇게 기도를 드렸습니다.

"하나님! 아빠하고 단 둘이서만 이런 좋은 시간을
갖게 해주셔서 감사합니다. 이런 시간이 더 많았으면
좋겠습니다. 그러나 이것만으로도 족합니다."

승훈이 기도를 듣는 제 마음이 찡하였습니다. 산낙지
집을 나온 우리는, 한참 더 걷다가 '명동 칼국수' 집을
찾았습니다. 음식이 나오자 이번에는 제가 기도를
드렸습니다.

"하나님! 사랑하는 승훈이와 단둘이 이런 좋은
시간을 갖게 해주셔서 감사합니다. 저도 이런 시간이
더 많았으면 좋겠습니다. 그러나 이것만으로도

족합니다……!"

칼국수 집을 나왔을 때는 캄캄한 밤이었습니다. 이곳
저곳을 기웃거리던 우리는 가게에서 음료수 두 개를 산
뒤, '유네스코 회관' 앞 계단에 걸터앉아 오가는 사람들을
구경하며 음료수를 마시기 시작했습니다. 많은 행인들이
담배를 피우며 지나가는 것을 본 승훈이가 물었습니다.

"아빠! 아빠도 담배 피워 본 적 있으세요?"

"응."

"언제요?"

"옛날, 아빠의 마음이 맑고 밝지 못했을 때! 아빠가
담배를 피웠다니까 상상이 안 되지?"

"도대체 믿질 못하겠어요."

지나가는 행인이 이상하다는 듯이 우리를 힐끔힐끔
쳐다보았습니다. 그래도 우리는 족했습니다. 그날 밤
승훈이와 저의 마음은, 문자 그대로 '한 마음'이었기
때문입니다.

나는 세상에 더 있지 아니하오나 저희는 세상에 있사옵고
나는 아버지께로 가옵나니 거룩하신 아버지여 내게 주신

아버지의 이름으로 저희를 보전하사 우리와 같이 저희도

하나가 되게 하옵소서(요 17:11)

"벌써 그런 기쁨이……"

마약보다 더 무서운 것이 불량 비디오라 합니다.
마약은 구하기가 어려운 데 반해, 비디오 가게는 없는
거리가 없기 때문입니다. 본래 저의 집에는 VTR이
없었습니다만, 아내와 저는 생각을 바꾸어 작년 연말에
VTR이 장착된 TV를 구입하였습니다. 아이들에게
비디오를 보여 주지 않는 것을 능사로 삼기보다는 오히려
좋은 비디오를 적극적으로 보여 줌으로써, 스스로 불량
비디오를 극복할 수 있는 힘을 길러 주기 위함이었습니다.
이런 노력 없이, 만약 아이들이 부모 몰래 불량 비디오의
유혹에 빠져버린다면, 그때는 치유하기 어려울 것이란

판단 때문이었습니다. 그래서 VTR을 구입한 후, 우리 가족들은 다음 세 가지를 결의하였습니다.

첫째, 일주일에 한 번씩은 온 가족이 함께 비디오를 관람하는 '가족 극장' 시간을 반드시 갖는다.

둘째, 비디오의 선택권은 막내인 승주를 제외하고 아빠, 엄마, 승훈, 승국, 승윤의 순서대로 행사한다.

셋째, 비디오의 선택권을 행사하는 사람은 자기 마음에만 드는 것을 선택하는 것이 아니라, 가족 모두가 좋아할 것을 선택하기로 한다. 이런 원칙에 입각하여 우리 가족들은 지난 1년 동안, '사운드 오브 뮤직', '쿼바디스'와 같은 명작에서부터 시작하여 '베토벤', '라디오 플라이어', '울트라 맨'과 같은 어린이 영화에 이르기까지, 그야말로 다양한 '가족 극장'을 꾸려 왔습니다.

얼마 전의 일입니다. 그날도 '가족 극장'이 있는 날이었고, 그날의 선택권은 둘째 승국이에게 있었습니다. 그런데 문제가 생겼습니다. 승국이가 선택권을 행사하여 빌려 온, 프로 레슬링을 소재로 한 만화영화 비디오를 아무도 보려 하지 않는 것이었습니다. 아내가 승국이에게 다른 것을 빌려 오도록 권했지만 승국이는 거절했습니다.

선택권을 행사하되 온 가족이 좋아할 것으로 빌려야
한다는 것을 승국이가 잊었던 것입니다.

아내는 승국이에게, 다른 사람에게 없는 힘이 주어졌을
때 그 힘을 다른 사람을 위해 쓰면 쓸수록 더 큰 기쁨이
있음을 일깨워 주면서 다시 승국이를 설득했습니다.
마침내 승국이가 양보를 했습니다. 새로운 비디오
테이프를 들고 들어서는 승국이가 대견스러워 이렇게
말해 주었습니다

"승국아! 네가 원하는 것을 포기하니까 마음이 아프지.
그러나 네 마음이 아픈 만큼 다른 사람의 기쁨은
커지고, 그것은 결국 네 기쁨이 된단다."
승국이가 이렇게 제 말을 받았습니다.
"제 마음속에는 벌써 그런 기쁨이 넘치는걸요!"

> (사랑은) 무례히 행치 아니하며 자기의 유익을 구치 아니하며
> 악한 것을 생각하지 아니하며(고전 13:5)

"이다음을 생각해서"

저희 집은 식사 시간이 되면, 일곱 식구가 식탁에
앉아 식사를 합니다. 어머님과 저희 부부 그리고 네
명의 아이들입니다. 막내 승주를 제외한 세 명의 사내
아이들이 젓가락을 들었다 하면, 맛있는 반찬은 그야말로
눈 깜짝할 사이에 동이 나 버리고 맙니다. 그래서 아내가
어머님께 맛있는 반찬을 따로 덜어 드리면, 어머님께서는
그 그릇을 가만히 제 앞으로 밀어 주십니다. 어머님
당신보다는 자식인 저를 더 생각하시는 거지요.
그러나 그 반찬도 순식간에 사라져 버리고 맙니다.
할머니께서 아빠에게 양보한 것을 안 아이들이 무차별

공격을 가하기 때문입니다. 그러면 어머님께서는
아이들에게 야단을 치십니다. 아이들 탓에 어머님의
자식인 제가 맛있는 것을 먹지 못하는 것이 말할 수
없이 안타까우시기 때문입니다. 그러나 그럴 때마다
어머님께서는 중요한 사실 한 가지를 잊고 계시는
듯합니다.

어머님께서 그 순간 야단치시는 아이들은 제가 어머님의
사랑스러운 자식이듯이, 바로 저의 사랑하는 자식들이란
사실입니다. 그래서 어머님께서 저를 위해 맛있는 것을
양보하시듯이, 저 또한 제 아이들에게 기꺼이 양보할 수
있는 것입니다. 결국 어머님은 저를 위해 사양하시고,
저는 아이들을 위해 양보하고, 아내는 모든 식구들을
위해 처음부터 포기하다 보니, 맛있는 것은 언제나
당연한 듯이 아이들의 차지가 됩니다.

얼마 전 식사 시간에, 이제 만 두 살이 된 막내 승주가
반찬을 집어 제게 먹으라는 시늉을 했습니다. 저는
고맙다는 표정과 함께, "아빠는 괜찮으니 승주 많이
먹으라"며 사양했습니다. 그때 그 광경을 보고 있던
아내가 이렇게 말했습니다.

"이다음을 생각해서 받아 잡수세요. 아이들이 커서, 아빠 엄마에게는 으레 아무것도 드리지 않아도 된다고 잘못 생각하면 어쩌실래요?"

저는 마음을 바꾸어 승주의 손에 있는 반찬을, 매우 맛있다는 표정을 지으며 받아 먹었습니다. 할머니와 아빠 그리고 엄마가 늘 양보만 하다 보니, 어른들은 아예 좋은 것은 먹을 줄도 모르는 것으로 아이들이 잘못 인식할 수 있음을 깨달았기 때문입니다. 부모가 사랑하는 자식에게 아낌없이 주는 것은 너무나 당연한 사랑의 행위가 아닐 수 없습니다. 그러나 그것이, 자식으로 하여금 받기만 할 뿐 줄 필요가 없다는 인식을 갖게 한다면, 그것은 자식에게 참사랑을 일깨워 주는 바른 사랑일 수 없습니다. 참사랑은 주는 것이며, 주는 것은 훈련을 통하지 않고는 절대로 불가능합니다.

주라 그리하면 너희에게 줄 것이니 곧 후히 되어 누르고 흔들어 넘치도록 하여 너희들에게 안겨 주리라 너희의 헤아리는 그 헤아림으로 너희도 헤아림을 도로 받을 것이니라 (눅 6:38)

"진짜 아빠!"

가족예배 시간에 아이들에게 '겉사람'과 '속사람'에
대해 설명해 주었습니다. 우리의 속사람이 진짜 우리의
모습이므로, 겉사람을 가꾸는 것보다 속사람을 바르게
살찌우는 일이 더 중요하다고 말입니다.

이튿날 저녁이었습니다. 거실에 앉아 신문을 보고
있는데, 방에서 나오던 둘째 승국이가 저를 발견하고는
"아빠" 하고 불렀습니다. 그러자, 거실에서 장난감을
갖고 있던 다섯 살짜리 셋째 승윤이가 대뜸 승국이에게
이렇게 말하는 것이었습니다.

"저 사람은 우리 아빠가 아냐. 우리 진짜 아빠는 저 사람

속에 들어 있어!"

물론 그 말은 승윤이가 '겉사람'과 '속사람'을 완전히
이해하지 못하고 한 말이었지만, 그러나 그 말 속에는
진리가 들어 있어 마치 비수처럼 제 마음에 날아와
꽂혔습니다.

저는 목사입니다.

어디서나 목사로서 지켜야 할 품행을 지키기 위해 애를
씁니다. 그래서 교인들은 저더러 경건하다고 말하기도
합니다.

저는 네 아이들의 아빠입니다.

언제나 아빠의 바른 자리를 지키기 위해 아이들 앞에서
스스로 언행을 조심합니다.

그래서 아이들은 아빠를 존경한다고 합니다.

그러나 교인들이나 제 자식들이 알지 못하는 '진짜 나'는
따로 있습니다. 바로 저의 '속사람'입니다. 저의 속사람이
얼마나 추하고 볼품없는지를 아는 사람은, 저와 하나님
외에는 아무도 없습니다. 차마 부끄러워 감히 남 앞에
공개할 수조차 없는, 그래서 언제나 꼭꼭 감추어 둔 채
겉으로 위장하며 살 수밖에 없는 형편입니다.

그런데, '저 사람은 우리 아빠가 아냐. 우리 진짜 아빠는 저 사람 속에 들어 있어'라는 승윤이의 말을 듣자, 마치 저의 그 부끄러운 속사람을 승윤이에게 들킨 것만 같았습니다. 그러나 그날 밤 저는 승윤이에게 감사했습니다. 승윤이의 그 말 한마디가, 정말 아이들에게 제 마음을 열어 제 속을 송두리째 보여준다 한들 추호도 거리낄 것이 없는 속사람을 세워 가리라, 다시 말해 안팎으로 '진짜 아빠'가 되리라, 새로이 결단하게 해주었기 때문입니다.

또다시 새해가 밝았습니다. 어떻습니까. 금년에는 '속사람'을 강건케, 그리고 새롭게 하는 한 해로 삼지 않으시렵니까? 그래서 우리 모두 안팎으로 '진짜 아빠' '진짜 엄마' '진짜 크리스천'이 된다면, 금년이야말로 '진짜 새해'가 될 것입니다.

그러므로 우리가 낙심하지 아니하노니 우리의 겉사람은 낡아지나 우리의 속사람은 날로 새로워지도다 (고후 4:16)

아내의 모성본능

저희 집 창문은 이중창이어서, 어느 방에서든 창문을
닫으면 외부의 소리는 거의 들리지 않습니다. 특히
창문이 닫힌 거실에서 마당 너머 대문 밖의 소리를 듣는
것은 사실상 불가능합니다.

지난 2월 초의 일입니다. 그날따라 유난스레 추웠기에
문들을 굳게 닫고 오후의 거실에서 아내와 이야기를
나누던 중이었습니다. 갑자기 아내가 말을 멈추더니,
무엇엔가 온 신경을 집중하는 표정을 지었습니다. 그와
동시에 까닭을 묻는 제겐 아무 대꾸도 없이 의자에서
벌떡 일어난 아내는 다급하게 현관 벽 쪽으로 다가가

인터폰 수화기를 들더니, "승윤이니?" 하고 물었습니다.
그리고는 곧장 대문으로 달려 나가 승윤이를 안고
들어오는 것이었습니다.

알고 보니 내막인즉 이랬습니다. 셋째인 여섯 살짜리
승윤이가 형아들과 함께 집 앞에 있는 양화진으로 놀러
갔습니다. 그곳에서 친구를 만난 형아들은 승윤이를
떼어 놓은 채 자기들끼리만 놀았습니다. 기다리다 지친
승윤이는 혼자 집으로 돌아왔습니다. 그러나 대문
높이 달린 인터폰을 누를 재간이 없었습니다. 할 수
없이 엄마를 소리쳐 불렀고, 그 소리를 이중창이 닫힌
거실에서 아내가 들은 것이었습니다. 외부의 소음과는
차단된 거실에서, 그 자리에 있던 저는 전혀 포착하지
못한 승윤이의 목소리를 아내가 들었다는 것은 믿기
어려운 일이었습니다. 여인은 약하지만 어머니는
위대하다는 말이 실감났습니다.

자식에 대한 어머니의 사랑은 참으로 위대합니다.
이중창을 뛰어넘고 공간을 초월합니다. 어머니의 사랑
앞에서는 그 무엇도 장애물이 될 수 없습니다. 어머니는
자식을 위해 자신의 생명마저 아끼지 않습니다. 어머니의

모성본능입니다.

그렇다고 어머니가 24시간 쉬지 않고 자식만 생각하는
것은 아닙니다. 친한 친구를 만나고, 재미있는 드라마를
보며, 밤에 잠을 자는 동안 어머니는 자식을 잊습니다.
그러나 하나님께서는 다르십니다.

> 여인이 어찌 그 젖 먹는 자식을 잊겠으며 자기 태에서 난
>
> 아들을 긍휼히 여기지 않겠느냐 그들은 혹시 잊을지라도
>
> 나는 너를 잊지 아니할 것이라 내가 너를 내 손바닥에
>
> 새겼고(사 49:15-16상)

하나님께서는 당신의 자녀인 우리 각자의 이름을 당신의
손바닥에 새기시고, 단 한 순간도 우리를 잊으심이
없이 우리와 함께하고 계십니다. 어머니의 사랑이
이중창을 뛰어넘고 공간을 초월하는 것이 어머니의
모성본능이라면, 하나님께서 졸지도 주무시도 않고
밤낮으로 우리와 함께하시는 것은 인간을 사랑하시는
하나님의 신성본능神聖本能입니다.

여호와께서 너를 실족하지 아니하게 하시며 너를 지키시는

이가 졸지 아니하시리로다(시 121:3)

"언제 일본 가요?"

아이들이 태어난 이래로, 이제껏 아이들에게는
'아빠와 함께하는 토요일'이 없었습니다.
토요일만 되면, 주일 준비 때문에 제 서재에서
두문불출하기 때문입니다.
때로 아이들이 '왜 아빠는 다른 아빠들처럼 토요일에
우리랑 놀아주지 않느냐'고 물을 때는, '언젠가는 반드시
그런 날이 있을 것이니 기대하라'고 대답하는 것이
고작이었습니다.
아내라고 해서 아이들과 다른 것은 없었습니다.
아내에게도 토요일은 언제나 '남편 없는 주말'이었습니다.

아이들이나 아내에게 늘 미안할 수밖에 없었습니다.

그와 같은 우리 가족에게 하나님께서 금년 초, 멋진
선물을 주셨습니다. 온 가족이 함께 해외 여행을 하게
된 것이었습니다. 아내와 아이들 곁에 밤낮 함께 있을 수
있다는 것만으로도, 그동안의 미안함을 다소나마 씻을
수 있는 기회라 할 수 있었습니다.

한국을 떠나 도쿄에 도착했을 때, 우리의 여행 소식을
안 L집사님이, 감사하게도 공항에서 우리를 기다리고
계셨습니다. L집사님의 차를 타고 도쿄 시내를 향해
달리면서, 우리는 이런저런 이야기를 주고받았습니다.
그때 셋째 승윤이가 느닷없이 이런 질문을 했습니다.

"아빠! 우리 언제 일본 가요?"

승윤이의 그 엉뚱한 질문에, 차 속에 있던 우리 모두는
웃었습니다. 그러나 승윤이의 입장에서 생각해 볼 때, 그
질문은 당연한 질문이었습니다. 일본에 왔지만 보이는
사람들의 모습이 한국 사람들과 똑같았을 뿐만 아니라,
일본에 와서도 차 안에서 우리는 여전히 한국말만 쓰고
있었기 때문입니다.

그러므로 아직 글자를 모르는 승윤이에게는, 아무리

차창 밖을 내다보아도 일본이나 한국은 전혀 차이가
있을 수 없었습니다. 그래서 참다 못한 승윤이가 마침내
'언제 일본 갈 거냐'고 물었던 것입니다.
일본 속에 있으면서도, 일본 말과 글을 알지도
사용하지도 않으면, 그 사람에게 일본은 일본일 수가
없습니다. 길이요 진리요 생명이신 예수 그리스도
안에 거한다는 것은, 곧 천국의 삶을 누리는 것을
의미합니다. 그러나 아무리 주님께서 천국을 주셨다
해도, 천국을 바로 알고 삶 속에서 의식하며 적용하지
않으면 그 천국은 결코 천국일 수 없습니다. 바로 이것이,
그리스도인의 삶 속에 반드시 말씀과 기도를 통한 천국의
훈련이 있어야만 하는 까닭입니다.

> 하나님의 나라는 볼 수 있게 임하는 것이 아니요 또 여기
> 있다 저기 있다고도 못하리니 하나님의 나라는 너희 안에
> 있느니라(눅 17:20하-21)

"이렇게 보내도 되는 거예요?"

1월 11일, 우리 가족들은 아쉬운 마음을 달래면서 일본
나리타공항에서 서로 헤어졌습니다.

아내는 셋째 승윤이와 넷째 승주를 데리고 한국으로
돌아가고, 첫째 승훈이와 둘째 승국이 그리고 저는
미국으로 향한 것입니다. 가족이 헤어진다는 것은, 그
기간이 얼마든간에 많은 것을 생각케 하고 또 느끼게
해줍니다. 태평양 상공을 나는 우리의 마음속에는,
미국으로 함께 가지 못하는 가족들에 대한 연민으로
가득 차 있었습니다. 마치 현해탄을 건너는 그들의
마음이 우리들에 대한 그리움으로 가득 차 있을 것처럼

말입니다.

미국에 도착한 후 로스앤젤레스, 보스턴, 뉴욕,

나이아가라를 거쳐, 드디어 마지막 기착지인 하와이에

도착하였습니다.

짧은 기간 동안 미국의 서부와 동부를 누비고 다녔던

우리는 자신도 모르는 사이, 매우 지쳐 있었나 봅니다.

하와이에 도착한 다음 날, 그러니까 한국으로 출발하기

전날이었습니다. 오후 5시경 우리는 호텔방에서 잠시

눈을 붙이기로 했습니다. 그러고는 6시경에 일어나

저녁을 먹은 후, 하와이의 밤거리를 구경하는 것으로

여행의 마지막 밤을 장식키로 했습니다.

그야말로 잠시 눈을 붙였다고 생각하면서 눈을 떴을 때,

저녁 6시라 하기에는 어울리지 않을 정도로 호텔 방 안이

캄캄했습니다.

'두 시간 정도는 잔 모양이군.'

이렇게 생각하면서 시계를 본 저는, 그만 깜짝 놀라고

말았습니다. 시계가 밤 12시 10분을 가리키고 있었기

때문입니다. 무려 7시간 10분 동안이나 정신없이 잠을

잤던 것입니다. 옆 침대를 보니 승훈이와 승국이는

여전히 곯아떨어져 있었습니다.

그렇다고 해도 아이들과 한 약속이 있는 만큼, 아이들을 깨우지 않을 수가 없었습니다. 눈을 비비며 일어난 아이들이 시계를 보고 놀라기는 마찬가지였습니다. 저녁식사를 하려니 호텔 내의 식당은 모두 문을 닫은 뒤였습니다. 밖으로 나가자니 비바람이 무섭게 몰아치고 있었습니다. 우리는 할 수 없이 그냥 자기로 하고 자리에 도로 누웠습니다. 그러나 그 시간에 잠이 올 리가 없었습니다. 어둠의 정적을 깨고 승국이가 입을 열었습니다.

"아빠! 여행 마지막 밤을 이렇게 보내도 되는 거예요?"

승훈이도 승국이를 거들고 나섰습니다.

"누가 아니래? 너무 한심해!"

저로서는, 한마디 외에는 한 말이 없었습니다.

"글쎄 말이다. 잠이 원쑤다. 원쑤!"

그러므로 깨어있으라 어느 날에 너희 주가 임할는지 너희가 알지 못함이니라 (마 24:42)

"내가 미국 갔을 때"

여행을 끝내고 돌아온 후, 한동안 첫째 승훈이와 둘째 승국이의 입에서 떠나지 않는 말들이 있었습니다.

"내가 미국 갔을 때……."

"미국에서는……."

두 아이의 말만 들으면 흡사 미국에서 굉장히 오래 살았던 것처럼, 그래서 미국을 마치 잘 알기라도 하는 듯이 들립니다. 그러나 사실은 정반대입니다.

보름 동안에 걸친 미국 여행 기간 중, 두 아이가 가장 많은 시간을 투자한 것이 있다면, 그것은 '잠자는 것'이었습니다. 짧은 시간에 많은 곳을 다니다 보니 거의 매일 비행기나 자동차를 타는 시간이 무척 많았고, 승훈이와 승국이는 그 긴 시간들을 계속 잠으로 때웠기 때문입니다. 그래서 그 아이들이 미국에서 본 것이라고는 관광지, 놀이터, 식당 등이 고작이었고, 그 정도만으로는 미국을 제대로 알 수 없었습니다.

그런데도 아이들이 미국 여행에서 돌아온 직후처럼, 마치 미국에 대해 모든 것을 알고 있는 것처럼 계속 착각한다면, 바로 그 착각 때문에 아이들은 미국의 참 모습을 영영 놓치고 말 것입니다.

이스라엘 백성들은 '선민사상'에 젖어 있었습니다. 그들만이 하나님을 안다고 자부했습니다. 그들 중 하나님을 잘 알지 못한다고 생각하는 사람은 단 한 사람도 없었습니다.

바로 그 선민의식 때문에, 그 착각 때문에 그들은 하나님을 바르게 알려 하지 않았고, 그 결과는 하나님의 독생자이신 예수 그리스도를 못 박아 죽이는 무지로 막을 내렸습니다. 그러므로 하나님을 안다고 속단하지 않는 겸손함이 오히려 하나님을 더 잘, 그리고 더 온전히 알게 해주는 시발점이 된다는 것이야말로, 우리가 결코 망각해서는 안 될 진리의 역설이 아닐 수 없습니다.

요즈음 '휴거'를 주장하는 자들로 인해 '이단문제'가
또다시 여론의 표적이 되고 있습니다. 이단을 한마디로
정의한다면, 그것은 '나는 하나님을 다 알았다는 속단'
입니다. 그 속단의 순간부터 실은, 하나님과는 전혀
무관한 사람이 되고 맙니다. 사도 바울이 스스로
하나님을 안다 속단했을 때 그는 그리스도인을 죽이는
'이단'이었지만, 그 속단을 깨뜨렸을 때에 날마다
하나님을 더더욱 알아가는 참된 그리스도인이 되었음이
그 좋은 예입니다.

그래서 오늘도 사도 바울은 우리를 향하여 간절하게
권면하고 있습니다.

    그런즉 선 줄로 생각하는 자는 넘어질까 조심하라(고전 10:12)

속죄의 매

저희 부부와 아이들 사이에는, 고의로 약속을 어기거나
알면서 거짓말할 경우에는 매를 한다는 약속이
있습니다. 그리고 중학교에 입학하기 전까지는 혼자는
전자오락실에 가지 않는다는 약속도 있습니다.
한 아이가 몰래 혼자 오락실엘 갔다가 그만 들통이
나고 말았습니다. 그것도 형제의 저금통에 있는 돈으로
말입니다. 약속대로 한다면 매우 심한 매를 맞아야만
했습니다. 형제의 저금통에 있는 돈을 꺼냈다는 것은
그 금액이 비록 몇백 원일망정 분명 도둑질이요, 그런
습관이 어릴 때 고쳐지지 않으면 바늘도둑이 소도둑도

될 수 있습니다. 그러므로 매를 해도 눈에서 불꽃이 튈
정도로 심하게 해야 할 상황이었습니다.

하지만 저는 그 아이에게 단 한 대의 매도 때릴 수가
없었습니다. 그 아이만 한 나이에, 저 역시 누님의
저금통에서 돈을 꺼낸 적이 있었기 때문입니다. 그것
역시 엄연한 도둑질이었습니다. 대학생 시절에는
어머님께 책값을 속여 돈을 떼먹었습니다. 그것도
도둑질이었습니다. 회사에 다닐 때는 과다경비를
청구하기도 했습니다. 그것 역시 도둑질이었습니다.
따지고 보면 요행히 법망에 걸려들지만 않았을 뿐, 저는
도둑 중에 상 도둑이요, 전과로 따지자면 수십 범도
모자랄 지경이었습니다. 그래서 저는 아이의 몸에 매를
댈 수가 없었습니다. 대신 저는 아이에게 매를 건네주고
제 종아리를 걷은 다음, 아이에게 이렇게 말했습니다.

"모든 것이 다 아빠 탓이다. 아빠가 잘못 살았고, 아빠가
사랑하는 너를 잘못 가르쳤다. 매를 맞아야 할 사람은
아빠다. 아빠 종아리를 힘껏 열 대 치거라."

어린 자식에게 매를 맞는다는 것은 피와 살을 말리는
일이었습니다. 그러나 그날 밤, 제게는 그 이외의 다른

방법이 없었습니다. 그것만이 저를 닮고 태어난 아이에
대한 속죄라 믿었습니다. 매를 들고 있던 아이가 갑자기
울부짖으며 제게 매달렸습니다.

"아빠, 잘못했어요. 다시는 안 그럴게요."

저는 그때까지 그 아이가 그토록 간절하게 울부짖는
모습을, 그토록 애절하게 저를 쳐다보는 눈빛을 본 적이
없었습니다. 저는 아이를 제게서 떼어놓고 단호하게
명했습니다.

"때려!"

아이는 몇 번이나 더 제게 매달렸지만, 그때마다 저는
더욱 엄한 표정으로 매를 명했습니다. 마침내 제 기세에
눌린 아이가 엉엉 울며 제 종아리를 때렸습니다. 저
역시 울었습니다. 아이의 매가 아파서가 아니었습니다.
비록 피와 살을 말릴지언정 사랑하는 제 아이를 위해
저 자신을 내려놓을 때, 저를 통로로 삼아 주님께서
그 아이의 마음을 붙들어 주심을 확인하는 기쁨의
눈물이었습니다. 속죄의 매가 끝나자 아이와 저는
부둥켜안고 울면서 서로 사랑한다고 고백했습니다.
그리고 아이가 먼저, 그다음에는 제가 하나님께 회개와

감사의 기도를 드렸습니다.

주님께서 인간을 구원하시기 위해 십자가에서 당신의
피와 살을 말리셨습니다. 제 부모님께서 망나니 같은
저를 사람 만드시느라 당신들의 피와 살을 말리셨습니다.
제가 사랑하는 제 자식들을 위해 제 피와 살을 말리는
것은, 주님과 제 부모님의 사랑에 대한 응답일 뿐입니다.

> 내 살을 먹고 내 피를 마시는 자는 영생을 가졌고 마지막
> 날에 내가 그를 다시 살리리니 내 살은 참된 양식이요 내
> 피는 참된 음료로다 (요 6:54-55)

큰 아이들의 후회

지난 공휴일에는, 공직 수행차 연천군으로 이사 간
H성도님 댁을 온 가족이 함께 방문하기로 오래전부터
예정되어 있었습니다. 그러나 막상 그날 아침이 되자
첫째 승훈이와 둘째 승국이는 가지 않겠다고 했습니다.
아빠 엄마를 따라가는 것보다는 친구들과 집에서 노는
것이 더 재미있을 거라는 이유에서였습니다. 연천에 가면
서울에서 볼 수 없는 것들을 많이 볼 수 있다고 계속
설득을 했지만 전혀 효과가 없었습니다. 아빠 엄마가
지금 가면 밤 늦게 돌아올 터인데 그래도 후회 않겠느냐
다짐을 해도, 두 아이들은 자신만만하기만 했습니다. 할

수 없이 저와 아내는, 셋째와 넷째만 데리고 연천으로
출발했습니다.

도시를 벗어난다는 것은 언제나 상쾌하기만 합니다.
연천에 닿기까지 대자연의 풍경은 참으로
아름다웠습니다. 연천에 도착한 후, H성도님 부부의
배려로 비무장지대 안에 있는 '태풍전망대'를 향하던 중,
산불 현장을 지척에서 목격하게 되었습니다. 산 하나를
송두리째 집어삼키면서 하늘로 치솟는 화염은, 많은 것을
생각하게 하였습니다.

'태풍전망대'의 정상에서 북녘 땅을 내려다보았을 때엔,
저도 모르게 가슴이 저려 왔습니다. 아득한 능선을 따라,
아이들을 업고 보따리를 이고 남하하는 피난 행렬이
눈앞에 보였다간 사라지고, 사라졌다간 또 나타나고
하였습니다. 한국전쟁 중 최고의 격전지였기에 '피의
능선'이라 불리던 '베티고지', '노리고지', '테시고지'에는
대남방송과 대북방송의 소음만 난무하고 있었습니다.
한평생 남쪽에서만 살아온 나의 가슴이 이렇듯
아프다면, 하물며 저 길을 따라 피난 왔던 분들의 심정은
지금 어떨까를 생각하자, 저의 가슴은 더욱 아렸습니다.

저녁에는 호수 한가운데에 자리잡은 자그마한 섬에 앉아,
H성도님의 가족들과 사랑의 식탁을 나누었습니다.
밤 9시 15분에 연천을 출발한 우리가 집에 도착했을
때는 11시가 넘어 있었습니다. 큰아이 둘은 곤히 잠들어
있었습니다. 이튿날 아침 식탁에서 셋째 승윤이가,
연천에서 얼마나 재미있었는지 두 형들에게 자랑을 늘어
놓았습니다.
한참 듣고 있던 승훈이가 혼잣말로 중얼거렸습니다.
"우리는 얼마나 지루했는지 몰라."
그러자 승국이도 가만히 있질 않았습니다.
"왜 그렇게 시간이 늦게 가지?"
두 아이들의 얼굴에는 후회의 빛이 역력했습니다.
아버지를 떠난 삶에 한 가지 가치가 있다면, 아버지를
떠난 삶은 지루하고 따분함을 스스로 확인할 수 있다는
것입니다.

> 이에 스스로 돌이켜 가로되 내 아버지에게는 양식이 풍족한
> 품꾼이 얼마나 많은고 나는 여기서 주려 죽는구나 내가
> 일어나 아버지께 가서 이르기를 (눅 15:17-18상)

승주의 수줍음

난생 처음으로 중국을 여행하였습니다. 세계에서 가장 많은 인구가 살고 있으며, 우리 국토의 수십 배 면적을 가지고 있는 중국 여행은, 마치 여러 나라를 여행하는 것 같았습니다. 북경, 천진, 연변 등, 각 지역마다 독립된 하나의 나라로 여겨질 정도로 중국은 광활하고 다양해 보였습니다.

조선족들이 많이 살고 있는 길림성이 우리나라 전체 면적과 같으니 두말할 필요가 어디 있겠습니까? 중국이 자랑하는 만리장성, 천안문, 자금성, 이화원, 지하궁전, 인민대회당, 모택동 기념관 등을 보면서, 하나님 없는

인간은 아무리 세월이 흘러도 변하지 않는다는 것과,
인간은 역사에 대해 수없이 이야기하지만 그 역사로부터
아무것도 배우지 않는다는 사실을 다시 한 번
통감하였습니다.

열이틀 동안의 중국 여행을 마치고 김포공항에 도착했을
때, 그날따라 비행기가 만원이었던 탓인지 공항 로비는
마중객들로 인산인해를 이루고 있었습니다. 그러나 그
수많은 인파 속에서 아내와 승주의 모습을 찾는 것은
어려운 일이 아니었습니다. 학교와 유치원에 다니는
세 형아들을 대신하여 나온, 이제 만 2년 6개월째인
막내 승주는 저를 발견하자마자 뒤뚱거리며 저를 향해
뛰어왔습니다.

어린아이에게 열이틀은 결코 짧지 않은 시간인가
봅니다. 승주의 키는 떠날 때에 비해 눈에 띌 만큼
커져 있었습니다. 저는 승주를 번쩍 들어 가슴으로 꼭
껴안아 주었습니다. 그리고 평소에 늘 하던 대로 승주와
눈을 맞추기 위해 승주와 얼굴을 마주 대했습니다.
그런데 웬일인지 승주는 제 눈을 쳐다보지 못했습니다.
그때까지만 해도 이상하게 생각지는 않았습니다. 그러나

집으로 향하는 자동차 속에서도, 승주는 계속하여 저를
똑바로 쳐다보지 못했습니다. 아무리 눈을 맞추려 해도
딴청을 피우면서 계속 눈길을 돌리기만 했습니다.

제가 이해할 수 없다는 표정을 짓자 아내가 말했습니다.

"오랜만에 아빠를 보니까 수줍은 모양이에요."

이제 2년 6개월밖에 되지 않은 승주, 더욱이 아빠를
분명하게 인식하기 시작한 지 겨우 1년여밖에 되지 않는
승주에게 12일이란, 아빠에 대해 서먹서먹한 느낌을
갖기에 충분한 시간이었습니다. 만 하루가 지난 다음에야
승주의 수줍음은 사라지고, 예전처럼 제 눈길을 피하지
않고 응석을 부리기 시작했습니다.

주님과 매일 눈길을 주고받지 않으면, 우리와 주님의
관계도 서먹서먹해지면서 우리는 수줍어할 수밖에
없습니다.

너는 나를 인같이 마음에 품고 도장같이 팔에 두라 (아 8:6)

승훈이와 안경

중학교 1학년이 될 때까지 제 시력은 양쪽 눈 모두
1.5였습니다. 그런데 중학교 1학년이 되던 해, 한 달 안에
안경을 쓰지 않으면 안 될 정도로 시력이 나빠져 버리고
말았습니다.

그 까닭은 이러했습니다. 어느 날 시력이 떨어진
막내누님이 안경을 맞추었습니다. 누님의 안경 쓴
모습을 보자, 어린 저도 마냥 안경을 쓰고 싶었습니다.
그래서 학교 공부 시간 외에는 케이스 속에 넣어 두던
누님의 안경을, 누님 몰래 하루에도 몇 번씩 꺼내어
써보곤 했습니다. 정상적인 시력인 제가 도수 있는

안경을 썼으니, 어지러울 수밖에 없었습니다. 온 세상이
빙글빙글 맴도는가 하면, 속이 메스꺼우며 구토가 날
때도 있었습니다.

그러나 그런 고통보다는 안경을 쓴다는 즐거움 때문에
누님의 안경 훔쳐 쓰기를 중단치 않았습니다. 그렇게
하기를 2주쯤 계속한 어느 날, 갑자기 학교에서 칠판
글씨가 희미하게 보였습니다. 그리고 하루이틀 지나면서
글씨가 점점 희미해지더니, 마침내는 전혀 읽을 수 없게
되어버리고 말았습니다. 그와 반비례해서 누님의 안경을
훔쳐 썼을 때의 어지러움이 점점 덜해지더니, 마침내는
모든 것이 그렇게 또렷해 보일 수가 없었습니다.

결국 누님의 안경을 훔쳐 쓰기 시작한 지 한 달 만에,
저는 누님의 안경 도수와 똑같은 안경을 맞추어
썼습니다.

내 안경이 생겼다는 즐거움은 잠시요, 그 안경 때문에
지난 세월 동안 얼마나 불편한 일이 많았는지 모릅니다.
그럴 때마다 누님의 안경을 훔쳐 썼던 저의 어리석음을
후회함과 동시에, 제 아이들만은 평생 좋은 시력을 갖게
되기를 바라곤 했습니다.

지난봄, 큰아이인 승훈이가 칠판 글씨가 잘 보이지
않는다고 했을 때, 처음에는 대수롭지 않게
생각했습니다. 그러나 몇 번이나 같은 말을 되풀이하기에,
혹시나 하고 아내가 안과엘 데리고 갔습니다. 결과는
안경을 써야 된다는 것이었습니다.
평생토록 결코 편할 수 없는 안경을, 저보다도 2년이나
빨리 써야 한다는 사실 때문에 몹시 마음이 상했습니다.
그러나 저는 이내 마음을 고쳐먹었습니다. 인간의 눈은
언젠가는 반드시 쇠퇴하고 말 것—설령 죽을 때까지
1.5 시력을 유지한다고 한들 땅속에서 썩어버리고 말
것이므로, 하나님을 향한 승훈이의 영안靈眼이 날로
밝아진다면, 그것보다 더 아름다운 눈은 없을 것이기
때문입니다. 그렇게 생각해서인지 안경 쓴 승훈이의
모습이 그렇게 의젓해 보일 수 없었습니다.

> 가라사대 너희에게 무엇을 하여 주기를 원하느냐 가로되
>
> 주여 우리 눈 뜨기를 원하나이다 예수께서 민망히 여기사
>
> 저희 눈을 만지시니 곧 보게 되어 저희가 예수를 좇으니라
>
> (마 20:33-34)

펭귄 인형과 아이들

지난 8월 1일 출국한 저는 김포공항에서 아내의 전송을
받았습니다. 그 출국은 안식년 동안의 쉼을 위한 출국이
아니라, 집필을 위한 출국이었습니다.

제가 섬기고 있는 '주님의교회'에서는 지난 6년 동안
'새신자 반'을 개설해 왔습니다. 총 열 개의 주제에 대해
좀더 구체적인 앎을 위해 마련한 강좌였는데, 그간
국내외의 많은 분들이 테이프나 교재를 구하기 원하는
것을 보고 금년 안식년 동안 '새신자 반'을 집필하여
그동안 베풀어 주신 하나님의 은혜에 보답하리라
다짐했었습니다.

그러나 금년 초부터 막상 안식년이 시작되자
한가하기는커녕, 더욱 바쁘기만 했습니다. 전혀 예기치
않았던 일들이 계속 생겨 틈을 내기가 여간 어렵지
않았습니다. 7월 초가 되기까지 겨우 제1장만 끝내었을
뿐이었습니다. 금년 말까지 책을 다 쓴다는 것은 어느
모로 보나 불가능해 보였습니다. 그러나 전혀 뜻하지
않게, 하나님께서 하나님의 신비한 손길을 통해 저를
외국으로 불러 내셔서 오직 집필에만 전념케 하신
것이었습니다.

비행기 속에서 책을 꺼내보기 위해 휴대용 가방을 열었을
때, 못 보던 주머니 하나가 눈에 띄었습니다. 열어보니
그 속에는, 예쁜 카드와 펭귄 인형이 담겨 있는 조그만
상자가 들어 있었습니다. 아내가 넣어 둔 것이었습니다.
그 인형처럼 예쁜 작품을 잉태하라는 의미로 생각하고
감사하는 마음으로 도로 넣어 두었습니다.

목적지에 도착하여 짐을 풀면서 그 상자를 다시 열어
보니, 그 속에는 펭귄이 다섯 마리나 들어 있었습니다.
한 마리는 어미 펭귄이고, 나머지 네 마리는 새끼
펭귄들이었습니다. 그제서야 아내가 그것을 제 가방

속에 넣어 둔 의미를 비로소 깨달았습니다. 어미
펭귄은 아내 자신이었고, 네 마리의 새끼 펭귄은 네
아들들이었습니다. 즉 내가 있는 곳에 아내와 아이들의
마음도 함께 있으니 힘들더라도 용기를 내라는
의미였습니다. 그러고 보니 새끼 펭귄들의 키가 다
달랐습니다. 저는 새끼 펭귄들에게 차례대로 아이들의
이름을 붙여준 뒤, 책상 위에 어미 펭귄을 중심으로
가지런히 올려놓았습니다. 그리고 하루에 20시간씩
원고를 쓰면서 몇 번씩이나 펭귄 인형을 쳐다보았고,
그때마다 인형들은 어김없이 아내와 아이들의 모습이
되어 나를 격려해 주었습니다.
하지만 일주일이 지나면서부터는 그 인형들이 자꾸
작아져 보이기 시작했습니다. 그리고 더 이상 그
인형 속에서 아내와 아이들의 모습을 찾아볼 수도
없었습니다. 견디다 못한 저는 국제 전화를 걸어 아내와
아이들의 음성을 직접 들었습니다. 그리고 절감했습니다.
이 세상의 그 무엇도, 사랑하는 아내와 아이들을 대신할
수는 없다는 사실을 말입니다.

네 집 내실에 있는 네 아내는 결실한 포도나무 같으며 네 상에 둘린 자식은 어린 감람나무 같으리로다 여호와를 경외하는 자는 이같이 복을 얻으리로다(시 128:3-4)

승훈과 승국 그리고 부반장

서재에서 책을 보고 있는데 인터폰이 울렸습니다.

수화기를 들자 둘째 승국이의 카랑카랑한 목소리가

울렸습니다.

"아빠, 굉장히 기쁜 소식이 있어요!"

"뭔데?"

"오늘 저희 반에서 선거가 있었는데요, 제가 부반장에

뽑혔어요!"

"그래? 정말 기쁜 소식이구나. 축하한다, 승국아!"

"감사합니다."

조금 있으려니 또다시 인터폰이 다급하게 울렸습니다.

수화기를 들자 이번에는 첫째 승훈이의 느릿한 목소리가 들렸습니다.

"아빠, 근데 있잖아요, 기쁜 소식이 있어요."

"뭔데?"

"있잖아요, 제가요, 우리 반 부반장에 뽑혔어요!"

"그래? 아빠 아들들 정말 대단하구나. 축하한다, 승훈아!"

"네—"

저녁 식사 시간이 되어 온 식구들이 식탁에 둘러앉았습니다. 승훈이와 승국이에게 어떻게 부반장으로 뽑히게 되었는지를 물었습니다. 선생님께서 반장에 당선될 자신이 있는 학생은 입후보하라고 해서 나갔다가 둘 다 떨어지고 말았습니다. 그다음 계속된 부반장 선거에 다시 입후보하여 각각 16표와 12표를 얻어 당선되었다는 것이었습니다. 투표하기 전에 친구들에게 표를 찍어달라는 연설도 했느냐고 물었더니, 둘 다 그랬다고 대답했습니다. 승훈이와 승국이는 식구들의 요청에 따라, 낮에 교실에서 행했던 명연설을 식구들 앞에서 직접 해 보이기로 했습니다. 먼저 승국이가 시작했습니다.

"……만약 여러분들께서 저를 부반장으로 뽑아주시면,
여러분들을 기쁘게 해드리겠습니다. 그래서 우리 2학년 2반이
전교에서 제일 밝고 재미있는 반이 되게 하겠습니다."
계속해서 승훈이의 유세가 이어졌습니다.
"……저를 부반장으로 뽑아주시면, 우리 4학년 8반이
착하고 정직한 반이 되도록 제 진심을 다해
노력하겠습니다."
형들의 연설이 계속되는 동안 셋째 승윤이와 막내 승주는
자랑스러운 눈빛으로 형들을 쳐다보고 있었습니다.
그 모습을 보고 있노라니 두 아이들이 대견해
보였습니다. 부반장이 되었기 때문이 아니라, 자신의
주장을 당당하게 내세우고 또 필요한 동조자를 얻을 수
있을 정도로 컸다는 것이 대견스러웠습니다.
우리가 진리를 당당하게 내세우며 진리의 동조자를
도처에서 얻어갈 때, 하나님께서 얼마나 우리를
대견스러워 하시겠습니까?

이 백성은 내가 나를 위하여 지었나니 나를 찬송하게 하려
함이니라 (사 43:21)

"사기꾼"

아이들과 함께 지방엘 갔습니다. 도로 표지판이
잘못되어 있어 다시 확인하느라 잠시 자동차를 멈춘
순간, 빠른 속도로 뒤따라오던 버스가 급정거하였습니다.
버스 기사는 제 곁에 버스를 세우더니 입에 담지도 못할
온갖 욕설을 퍼부었고, 저는 그저 죄송하다며 그분의
분이 삭을 때까지 폭포수같이 쏟아지는 욕설을 듣고
있어야만 했습니다. 그날 밤이었습니다. 첫째 승훈이가
심각한 얼굴로 물었습니다.
"아빠! 아빠가 정말 사기꾼이에요?"
갑자기 무슨 뚱딴지같은 소리인가 싶어 이유를 물었더니,

낮에 버스 기사가 제게 욕설을 퍼부을 때 "이 사기꾼아"
라고 했기 때문이랍니다. 그래서 제가 말했습니다.
"너희들도 싸울 때는 온갖 소리를 다 하잖니. 그
아저씨도 워낙 화가 나니까 생각 없이 그냥 쏘아댄 거지."
그러나 시간이 흐를수록 영 뒷맛이 개운치가
않았습니다. '아빠가 사기꾼 아니냐'는 승훈이의 질문이
계속 제 마음속에 맴돌았기 때문입니다. 겉으로는
거룩해 보여도, 하나님 보시기에는 저와 사기꾼 사이에
무슨 큰 차이가 있겠습니까? 하나님 앞에서 매사에
신실하고 성결하게 살지 못하는 저 자신의 초라한 모습이
자꾸 저를 괴롭혔습니다. 너무나 참담한 심정이어서 잠을
이룰 수조차 없었습니다.

그러다가 갑자기 제 마음을 대낮같이 환하게 밝혀
주는 깨달음이 있었습니다. 제가 비록 추하고 볼품없는
존재라 할지라도 하나님께서는 저를 믿어 주고 계신다는
것이었습니다. 하나님께서 부족한 저를 당신의 도구로
사용해 주고 계신다는 것이었습니다. 형편없는 제 삶을
통해 하나님께서 당신의 뜻을 이루어 가고 계신다는
것이었습니다. 그것은 보잘것없는 죄인인 제게 얼마나 큰

위로요 격려였는지 모릅니다. 그 순간 참담했던 제 심령 속에 새로운 힘이 솟구쳤습니다.

당신이 하나님을 믿는 것보다, 하나님께서 당신을 더 믿으심을 알고 계십니까? 당신이 하나님을 알기도 전에, 하나님께서 당신을 선택하셨음을 알고 계십니까? 당신이 여전히 죄의 올무에 빠져 있을 때, 성자 하나님께서 친히 십자가의 제물 되시어 당신의 죗값을 대신 치르신 것을 알고 계십니까? 지금 이 순간에도 당신의 삶을 통해 이 시대의 역사 속에 하나님의 뜻이 이루어지고 계심을 믿으십니까? 우리 자신을 들여다보면 절망할 것밖에 없습니다. 우리의 소망은, 오직 우리를 부르신 그분께만 있습니다.

> 너희가 나를 택한 것이 아니요 내가 너희를 택하여 세웠나니 이는 너희로 가서 열매를 맺게 하고 또 너희 열매가 항상 있게 하여 내 이름으로 아버지께 무엇을 구하든지 다 받게 하려 함이라 (요 15:16)

진리와 다수결

인간이 무엇을 믿을 때, 믿음의 대상에 대한 인식이나
믿음의 내용은 다수결에 의해 옳고 그름이 판가름나지
않습니다. 또 당사자가 지닌 믿음의 강도에 의해 결정되는
것도 아닙니다.

잘 아시는 것처럼 저희 부부에게는 네 명의 아이들이
있고, 모두 사내아이들입니다. 저희 가족이 다 함께
나서면 6명, 명실 공히 작은 그룹입니다. 식당이나 다른
공공장소에서 저희 가족이 한 곳에 자리 잡고 앉으면
으레 주위의 시선이 저희들에게 집중됩니다. 저희 부부와
네 아이들을 번갈아가며 쳐다보던 사람들 가운데

누군가는 꼭 아내나 제게 이렇게 묻습니다.

"모두 댁의 아이들인가요?"

그렇다고 하면, 그다음에는 어김없이 아이들에게
묻습니다.

"얘들아, 진짜 너희 아빠 엄마 맞니?"

'맞다'는 아이들의 대답이 떨어지면, 대부분의 경우에
저희 부부에게 이런 말을 덧붙입니다.

"딸 낳으려다 이렇게 되셨군요."

그렇게 말하는 분들의 얼굴은 한결같이 자기
생각을 믿어 의심치 않는 표정입니다. 지방에
가도 마찬가지입니다. 어디를 가도 동일한 경험을
되풀이합니다. 오죽하면 아이들이 이렇게 푸념하곤
합니다.

"왜 어른들은 다 똑같은 생각밖에 못하는지 모르겠어."

그러나 아무리 많은 사람들이 저희 가족에 대해 동일한
믿음과 생각을 지닌다고 해도 그것은 진실이 아닙니다.
저희 부부는 딸을 낳으려다 네 명의 아들을 얻은 것이
결코 아니기 때문입니다. 그러므로 그동안 식당이나
여타 공공장소에서 많은 분들이 저희 가족에 대하여

품었던 동일한 믿음과 생각은, 그분들의 숫자가 많다는 이유만으로 진실이 될 수는 없습니다.

진리는 다수결에 의해 결정되지 않습니다. 출애굽하여 가나안의 관문인 가데스 바네아에 당도한 이스라엘 백성 절대다수는 가나안 땅에 들어가기를 반대했습니다. 예루살렘의 유대인 절대다수는 예수를 십자가에 못 박아 죽이라는 대제사장들의 사주에 동의했습니다. 그러나 진리는 그들 편에 있지 않았습니다. 절대다수의 시류에 휩쓸리지 않는 사람만 진리를 좇을 수 있습니다. 진리는 언제나 고독의 벗입니다.

좁은 문으로 들어가라 멸망으로 인도하는 문은 크며 그 길이 넓어 그리로 들어가는 자가 많고 생명으로 인도하는 문은 좁고 길이 협착하여 찾는 자가 적음이라 (마 7:13)

아이들 공부방

저희 부부는 개인적으로 돈을 모으지 않습니다. 때로
살다 보면 목돈이 필요한 경우가 있습니다. 하지만 그런
경우에도 그것을 위해 하나님께 기도하지는 않습니다.
하나님을 못미더워해서가 아닙니다. 오히려 하나님을 100
퍼센트 신뢰하기 때문입니다. 하나님께서는 제가 구하지
아니해도 제게 있어야 할 것을 미리 아시는 분이기에,
제게 필요한 것이라면 제가 구하지 않아도 하나님의
때에 하나님의 방법으로 주실 것이요, 불필요한 것이면
아무리 기도해도 허락지 않으심을 저는 지난 세월 동안의
경험으로 잘 알고 있습니다.

제 아이들 네 명은 그동안 한 방에서 자라 왔습니다.
그러나 초등학교에 입학한 첫째 승훈이와 둘째 승국이가
학년이 높아 가면서, 공부에 집중할 수 있게끔 어린 두
동생들과 격리된 자기들만의 공부방을 원했습니다. 다른
집 아이들처럼 침대와 어린이용 책상도 원했습니다.
아이들에게 공부할 수 있는 분위기를 만들어 주는 것은
부모의 도리지만, 그것은 적지 않은 돈을 필요로 하는
일이었습니다.
몇 주 전에 한 통의 전화를 받았습니다. 예전에 제가
경영하던 회사에서 근무하다가 15년 전에 퇴사한
분이었습니다. 저를 꼭 만나고 싶다고 해서 15년 만에
저희 집에서 만났습니다. 오랜만에 이런저런 이야기를
나누다가 그분이 주머니에서 봉투를 꺼냈습니다.
그리고 예전에 제게 입힌 금전적 피해에 비하면 턱없이
모자라는 금액이지만, 이 정도라도 갚지 않으면 편히 살
수가 없을 것 같아 가져왔으니 받아 달라고 했습니다.
그 이야기를 듣고 보니 예전 일이 기억났습니다. 가난한
농부의 아들로 신학대학 출신이었던 그분은 15년 전
상당한 금액의 회사 공금을 횡령했었습니다. 그러나

황령한 금액을 갚을 능력이 없었습니다. 저는 그분의
장래를 생각해서 모든 것을 불문에 부치고, 제 개인
돈으로 그분이 황령한 공금을 회사에 변제해 넣었습니다.
그 일로 그분은 자진 퇴사했습니다. 그 이후 저는 그
사실을 까마득히 잊고 있었습니다. 그분이 15년 만에
전화를 하고 제 앞에 나타났을 때에도 그 일은 기억조차
못했습니다. 그분이 두고 간 봉투 속에는 놀랍게도,
아이들의 공부방을 꾸미기 위해 필요한 금액과 정확하게
일치하는 액수의 돈이 들어 있었습니다.

우리 하나님께서는 이런 분이십니다. 우리를 위해서는
구하지 않아도, 우리의 사정을 우리보다 더 잘 아시는
하나님께서는 우리에게 필요한 것을 당신의 방법으로
완벽하게 준비해 주십니다. 그분은 우리를 당신의 자녀
삼으신 우리의 아버지시기 때문입니다. 하나님께서
우리의 아버지이심을 진정으로 믿는다면, 우리가
하나님의 자녀 되었음을 정녕 믿는다면, 이제부터
우리의 기도는 내용이 달라져야 합니다. 우리의 믿음은
우리 기도의 범주를 결코 벗어날 수 없습니다. 기도가
자기 범주를 넘지 못하면, 믿음도 자신을 뛰어넘을 수

없습니다.

믿음의 성숙은 기도의 내용이 새로워지는 것으로부터

시작됩니다.

나라가 임하시오며 뜻이 하늘에서 이루어진 것 같이

땅에서도 이루어지이다(마 6:10)

"내 꺼야"와 "세금 띠"

이제 2년 10개월 된 막내 승주의 전성시대가 드디어
개막되었습니다. 말문이 터져, 어떻게든 자기 의사를
분명하게 밝힐 수 있게 된 승주가 좌충우돌하기
시작한 것입니다. 무엇이든 보이는 대로 묻고 개입하고
간섭합니다. 언어구사 능력이 하루가 다르게 늘어가는
것을 보면 그저 신비스러울 뿐입니다.

승주가 하루에 가장 많이 사용하는 말은 "내 꺼야"
입니다. 눈에 띄는 것은 모조리 다 "내 꺼야"입니다.
얼마나 '내 꺼'를 챙기는지 심지어는 방귀를 뀌고서도
"내 꺼, 방구야" 할 정도입니다. 그러다 보니 세

형아들에게 승주는 '경계인물'이 되고 말았습니다.
승주가 형아들의 물건 중 무엇이든 붙잡고 "내 꺼야"를
선언하기만 하면 소유권 문제가 복잡해지기 때문입니다.
그래서 형아들은 승주만 나타나면 슬금슬금 중요한
물건들을 감추어 버립니다.
그와 같은 어린아이들의 모습을 보면서 인간의 '소유욕'
이야말로 가장 원초적인 본능이며, 그 소유욕의 통제
없이는 결코 '만족'이나 '감사' 혹은 '행복' 등이 있을 수
없음을 다시 절감하게 됩니다. 그런데 최근에 승주가
다시 즐겨 사용하는 말이 하나 더 생겼습니다. 바로
'세금 떼'라는 말입니다.
그 말의 의미와 유래는 다음과 같습니다.
어느 날 승주가 아주머님에게 귤을 까달라고 했습니다.
아주머님이 까주는 귤을 혼자서 세 개나 먹은 승주는,
다시 네 번째 귤을 까달라고 아주머님에게 내밀었습니다.
아주머님이 귤을 까면서 승주에게 말했습니다.
"승주는 어째 욕심쟁이처럼 혼자만 먹냐? 아줌마가
계속 귤을 까주었으니까 이제부터는 세금을 떼어야겠다.
알겠지?"

"세금 띠?"

생전 처음 듣는 말인지라 승주가 반문을 했습니다.

"그래, 세금 말이야. 혼자만 먹는 게 아니라 세금을 떼서 다른 사람과 나누어 먹는 거야. 세금 떼도 좋지?"

"네, 세금 띠!"

그다음부터 승주는 귤을 보면 "세금 띠"라고 불렀습니다. 먹고 있는 귤을 좀 달라고 하면 "내 꺼야" 하며 절대로 주지 않지만, "세금 띠"라고만 말하면 자기도 "세금 띠"라고 대꾸하면서 선뜻 '세금'을 떼어 줍니다. 태어나서부터 지금까지 "내 꺼야"만을 알던 승주가, 남과 나누어야 할 '세금'이 있음을 알고 실천하기 시작한 첫 번째 '나눔'인 셈입니다. 저는 승주가 일평생 동안 "내 꺼야"보다는 '세금 띠'의 삶을 더 즐겨 살기를 기도드립니다. 천국은 '세금 띠'의 마음에서만 세워지는 까닭입니다.

너희는 남에게서 바라는 대로 남에게 해 주어라. 이것이 율법과 예언서의 정신이다. (마 7:12, 공동번역)

"제게 생각이 있어요"

첫째 승훈이와 둘째 승국이가 다니는 성산초등학교에서
'알뜰시장'이 열리던 날입니다. 말하자면, 집에서 쓰지
않는 옷이나 물건들을 모아다가 필요한 사람에게 파는
장날이었습니다. 모든 물건들이 번듯한 것들이었지만,
가격이라야 고작 일이백 원에 불과했습니다. 야심에 찬
쇼핑을 위해 승훈이와 승국이는 엄마로부터 용돈을 받아
갔습니다.

오후가 되어 아이들이 돌아왔습니다. 갑자기 셋째
승윤이와 막내 승주의 함성이 터졌습니다. 큰형인
승훈이가 동생들을 위하여 장난감과 옷을 사 온

것이었습니다. 승국이에게는 멋진 스웨터를 주었습니다.
그러나 그것만이 아니었습니다. 아내를 위해서는
가방을, 그리고 제 몫으로는 바지를 내어 놓았습니다.
자신을 위해서는 무엇을 샀느냐고 묻자, 100원짜리
점퍼를 샀다는 겁니다. 물건의 가치나 질을 떠나,
자기보다 남에게 더 큰 비중을 둔 승훈이의 마음씨가
퍽 대견스러워 보였습니다. 그러나 승훈이로 인해 모든
가족들이 즐거워하고 있는 동안, 둘째 승국이의 표정은
내내 불편해 보였습니다.

이윽고 눈치를 챈 제가 승국이에게 물었습니다.

"승국이는 다른 사람을 위한 선물을 사지 못한
모양이구나."

"제게 필요한 것을 고르느라 시간을 끌다 보니 상급생
형아들이 몰려나와 그 이후엔 제 차례가 돌아오지
않았어요."

승국이의 불편한 표정은 계속되었습니다.

잠시 후, 저녁을 먹기 위해 자리에서 일어서는 승국이의
바지주머니로부터 무엇인가 번쩍 하고 떨어졌습니다.

'장난감 은장도'였습니다. 은이 아닌 쇠로 만들어졌을 뿐,

칼의 크기와 모양은 은장도와 똑같았습니다. 웬 거냐고
묻자, '알뜰시장에서 100원 주고 샀다고 했습니다.
이런 위험한 물건을 가지고 다니는 것을 아빠는 찬성할
수 없으니 어떻게 하면 좋겠느냐고 물었습니다. 잠시
생각하던 승국이가 이렇게 말했습니다.
"아빠, 그 칼을 한 번만 제게 줘 보세요. 제게 생각이
있어요."
무슨 생각이냐고 묻자, 벌써 승국이의 마음을 읽은
아내가 말했습니다.
"승국이에게 대단히 좋은 생각이 있나 봐요. 믿고 줘
보세요."
제게서 '은장도'를 건네받은 승국이는, 다시 그것을 두
손으로 제게 정중하게 내밀면서 말했습니다.
"아빠를 위한 선물로 이걸 아빠께 드립니다."
그리고 잽싸게 자기 방으로 가서 몇 권의 책을 들고 나온
승국이는 식구들에게 나누어 주기 시작했습니다.
"이건 승주 꺼, 이건 승윤이 꺼, 이건 형님 꺼……."
그것은 모두 승국이가 자신을 위해 '알뜰시장'에서 사 온
것들이었습니다. 그러나 그것을 나누어 주는 승국이의

표정이 비로소 환하게 밝아져 있었습니다.

혼자 모든 것을 소유하려 하면 우리의 마음은 늘 불편합니다. 벌써 한 해가 끝나갑니다. 이해가 다 가기 전에 빨리 생각해 보십시오. 마땅히 나누어야 할 사람과 무엇을 아직까지 나누지 못하고 있는지 말입니다. 그래서 편안한 마음으로 새해를 맞이하십시오.

여간 채소를 먹으며 서로 사랑하는 것이 살진 소를 먹으며 서로 미워하는 것보다 나으니라(잠 15:17)

"형아야" 그리고 "형아 아니야"

남보다 조금이라도 더 높아지려 하고, 어떻게든 자신을
더 돋보이게 하려는 마음은 모든 인간의 공통적
심리입니다. 그러나 바로 그와 같은 마음이 곧 '교만'이요,
교만한 마음은 자기를 높여주기보다는 오히려 추하게
망가뜨리고 파멸시킨다는 사실을 아는 것이 지혜입니다.
이제 만 세 살이 된 승주는 4형제 중 막내입니다.
그러므로 위에 있는 세 형들을 '형'이라고 부르기만 해
왔을 뿐, 단 한 번도 '형'으로 불린 적이 없었습니다.
그래서 승주는 자기도 '형'으로 높임받기를 꽤나 원했던가
봅니다. 마침내 승주에게도 동생이 생겼습니다. 그렇다고

해서 제 처가 다섯 번째 아이를 가졌다는 것은 아닙니다. 우리 집 부근에 살고 있는 재원이가 이따금 놀러오게 된 것입니다. 홍성사 편집실 책임자인 J과장의 아들 재원이는, 이제 겨우 돌이 지나 아직 말을 할 줄도 모릅니다. 그 재원이가 처음으로 놀러 오던 날, 아주머님이 승주와 재원이를 번갈아 보면서 이렇게 말했습니다.

"승주는 동생이 생겨서 좋겠네, 승주는 이제는 형아가 된 거야. 재원아! 승주 혀-엉 하고 불러 봐."

그 말을 듣고 '아빠' 소리도 제대로 못 내는 재원이가 승주를 '형'이라 불렀을 리가 없습니다. 그런데 그날부터 승주에게 전혀 예기치 않은 반응이 나타났습니다. 누구든지 승주를 부르기만 하면 승주는 예외없이 이렇게 말하는 것이었습니다.

"난 승주 아니야. 난 재원이 형아야!"

그리고는 재원이가 있든 없든 개의치 않고 언제 어디서나, 누구에게나 형아 노릇을 하려고 들었습니다. 그러다 보니 자연히 진짜 형들과 부딪히지 않을 수 없었습니다. 그래도 승주는 아랑곳하지 않았습니다. 얼마 전, 승주는

우리 부부를 따라 1박 2일의 여행을 다녀왔습니다. 일행
중 한 명이 "승주야!"라고 불렀을 때, 승주는 어김없이
자기를 과시하듯 말했습니다.

"난 승주 아니야, 난 형아야!"

그 말의 의미를 아내로부터 들은 일행이 다시 승주에게
말했습니다.

"승주가 형아라면 승주는 집에 가야겠다. 형아들은 이런
데 따라오는 게 아니거든. 이런 데는 아가들만 따라오는
거야. 그래서 형아들은 아무도 없잖아. 자, 승주도
형아라니까 빨리 집에 가."

눈을 반짝이며 무엇인가 골똘하게 생각하던 승주가
이윽고 엄마의 옷자락을 끌어당기며 기어들어가는
목소리로 말했습니다.

"나 형아 아니야, 나 승주야!"

물론 승주는 혼자 집으로 달아날 필요도 없었고, 다른
형아들과는 달리 아빠 엄마와 계속 함께하는 특권을
누릴 수 있었습니다.

또 한 해가 시작되었습니다. 누구에게나 어디서나
심지어는 하나님 앞에서마저 '형아'가 되고자 하는

마음을 버린다면, 올 한 해도 하나님의 은총이 충만한
멋진 해가 될 것입니다.

　　사람의 마음의 교만은 멸망의 선봉이요 겸손은 존귀의

　　앞잡이니라(잠 18:12)

"야—"

작년 연말, 1년 동안의 안식년을 마무리하면서 아이들과
함께 지방 여행을 다녀왔습니다. 공주에 있는 무령왕릉과
공주산성, 그리고 부여의 부소산성을 거쳐 무주의
덕유산에 도착했습니다. 입구로부터 6킬로미터 떨어져
있는 백련사를 다녀오기로 하고 산행을 시작하였습니다.
왕복 12킬로미터. 아이들에게는 결코 가까운 거리가
아니었지만, 우리는 반드시 해내기로 굳게 결의하고 함께
출발하였습니다.
그러나 처음부터 만만치가 않았습니다. 살을 에는 추운
날씨도 문제였지만, 무엇보다도 눈이 꽁꽁 얼어붙은

미끄러운 산길이 더 큰 장애물이었습니다. 몇 번씩이나 미끄러져 넘어지던 아이들은 버려진 나뭇가지를 주워 지팡이로 삼았습니다. 한 시간쯤 지났을 때 막내 승주가 주저앉고 말았습니다. 더 이상 걸으려 하지를 않았습니다. 할 수 없이 아내가 업고 가다가 그다음에는 제가 업었습니다. 다시 한 시간쯤 더 걸었을 때, 이번에는 셋째 승윤이가 죽어도 더 이상 걷지 못하겠다며 그 자리에 멈추어 버리고 말았습니다. 둘째 승국이의 표정 역시 승윤이에게 동조하는 기색이 역력했습니다. 그 상태로 목표 지점까지 간다는 것은 도저히 불가능해 보였습니다. 그 사이 첫째 승훈이는 얼마나 앞서 갔는지 보이지를 않았습니다. 할 수 없이 아내로 하여금 승국이 그리고 승윤이와 함께 천천히 뒤따르도록 하고, 저는 승주를 업은 채로 앞서 간 승훈이를 찾아 나섰습니다. 아쉽지만 그만 포기하고 하산하기 위함이었습니다. 그러나 아무리 걸어 올라가도 승훈이의 모습은 찾을 길이 없었습니다. "승훈아-" 하고 있는 힘을 다해 불러 보았지만 대답조차 없었습니다. 그저 승훈이를 만날 때까지 무작정 산을 오르는 수밖에 없었습니다. 승주를 업은 채로 땀을 뻘뻘 흘리면서 다시 한 시간쯤 걸어 올라가던 제 앞에 갑자기 백련사 정문이 보였습니다. 승훈이를 찾아 나섰다가 뜻밖에도 목적지에 도착한 것이었습니다.

경내로 들어가자 이미 도착한 승훈이가 구경을 끝낸 뒤 늠름하게 걸어나오고 있었습니다. 등에 업혀 있던 승주도 내려 함께 약수물로 목을 축인 뒤, 산 중간에서 기다리고 있을 가족에게 돌아가기 위해 경내를 빠져 나오는 순간이었습니다. 벽련사 정문 바깥쪽으로부터 아내와 승국이 그리고 승윤이가 경내로 들어서는 모습이 보였습니다. 승국이는 지팡이를 짚고 있었고, 승윤이는 엄마 손에 쥐어진 지팡이의 나머지 한쪽 끝을 붙잡고 있었습니다. 포기할 줄 알았던 승국이와 승윤이도 드디어 해낸 것이었습니다.

우리들은 서로 마주 보면서 누가 먼저랄 것도 없이 동시에 "야─" 하고 소리를 질렀습니다. 온 가족이 함께 덕유산을 정복한 것은 말할 수 없이 큰 기쁨이었습니다. 하물며 온 가족이 함께 끌고 밀어주면서 진리의 정상에 다다르는 기쁨이야 얼마나 더 크겠습니까?

이제 청하건대 종의 집에 복을 주사 주 앞에 영원히 있게

하옵소서 주 여호와께서 말씀하셨사오니 주의 종의 집이

영원히 복을 받게 하옵소서(삼하 7:29)

03

애들이
안 본다구요?

"우리 아들 줄 거예요"

목적지를 정복한다는 것은 정말 큰 기쁨이었습니다.
그 기쁨은, 목적지에 다다를 때까지의 온갖 어려움과
괴로움을 깨끗이 씻어줄 뿐 아니라, 돌아오는 길까지
가뿐하게 해주고도 소멸치 않는 기쁨이었습니다. 그래서
우리는 덕유산을 내려오면서 콧노래를 불렀습니다.
비탈진 길에서는 미끄럼을 타기도 하고, 경치가 좋은
곳에서는 한동안 감상하기도 했습니다.
아이들은 올라갈 때 사용하던 지팡이로 칼싸움을
하기도 했고, 급한 용변 때문에 화장실을 찾아간
승훈이가 일을 본 것까지는 좋았는데 그만 휴지가

없어 쌓인 눈으로 뒤를 닦는 촌극도 있었습니다. 모두
즐거움을 가득 안고서 산을 내려와 마침내 주차장에
도착하였습니다.

자동차의 뒤 트렁크를 열고 모자, 장갑, 점퍼 등을 벗어
놓을 때였습니다. 셋째 승윤이가 그때까지 버리지 않고
있던, 지팡이로 쓰던 나뭇가지를 트렁크에 실으려고
했습니다. 이제 등산도 다 끝났으니 쓸데없는 것은
버리라고 하자, 승윤이는 엉뚱하게도 이렇게 말했습니다.
"기념으로 보관하고 있다가, 이다음에 우리 아들 줄
거예요."

그렇게 말하는 승윤이의 나이는 그때 겨우
만 5년 4개월이었습니다.

아내가 첫째와 둘째에게 새 컵을 사주었습니다. 그래서
그런지 저녁을 먹던 막내 승주는, 예전에 둘째 승국이가
쓰던 노란 플라스틱 컵을 사용하려 했습니다. 그러자
승국이가 승주를 가로막고 나섰습니다. 자기 것이니
사용치 말라는 것이었습니다. "이제 새 컵이 생겼으니
예전 컵은 동생을 줘야지, 컵을 두 개씩이나 갖고 뭘

하려느냐"고 물었습니다. 승국이가 대답했습니다.

"이다음에 우리 아들 주려고요."

이제 승국이는 만 8년 9개월입니다.

승윤이와 승국이의 그와 같은 말은 이상스럽게도 저의
기분을 들뜨게 만들었습니다. 그 말을 듣는 순간, 정말
자기 아들들을 끔찍이 사랑할 승국이와 승윤이의
미래의 모습이 보였기 때문입니다. 마치 제가 제 아들인
자기네들을 사랑하듯이 말입니다.

사랑은 '내리 사랑'이라고 합니다. 아무리 자식이
부모를 사랑한다고 해도 부모의 자식 사랑과 견줄 수는
없습니다. 그러므로 제가 제 아이들을 사랑하는 것과
똑같이, 제 아이들 또한 자기 아이들을 생명처럼 사랑할
것을 믿어 의심치 않습니다. 인간도 이러하거늘, 하물며
우리의 아버지 되신 하나님의 우리에 대한 사랑은 도대체
얼마나 크시겠습니까?

　　　너의 하나님 여호와가 너의 가운데 계시니 그는 구원을
　　　베푸실 전능자시라 그가 너로 인하여 기쁨을 이기지 못하여

하시며 너를 잠잠히 사랑하시며 너로 인하여 즐거이 부르며

기뻐하시리라(습 3:17)

승국이의 112 신고

휴일 오후였습니다. 친구들과 함께 학교 운동장에서
공놀이하러 집을 나서는 첫째 승훈이에게 둘째 승국이와
셋째 승윤이가 따라 붙었습니다. 제게는 예전에 친구나
형제끼리 자장면이나 떡볶이를 사 먹던 기억이 아름다운
추억으로 남아 있습니다. 그래서 아이들에게, 그날
저녁은 자장면이든 떡볶이든 원하는 것을 사 먹고
오라며 돈을 주었습니다. 아이들은 부푼 마음으로
집을 나섰습니다. 드디어 저녁식사 시간이 되었습니다.
지금쯤 아이들이 자장면을 먹을까 아니면 떡볶이와
오뎅을 먹고 있을까, 이렇게 생각하는 것만으로도 괜히

제 마음이 즐거웠습니다. 그러나 해가 진 뒤에야 귀가한
아이들의 표정은 제 예상과는 달리 침통해 보였습니다.
곧 울음이라도 터뜨릴 것 같은 표정이었습니다. 까닭을
물었더니, 자초지종이 이랬습니다.

공놀이를 하던 승훈이가 친구에게 전화하기 위해
공중전화로 갔습니다. 지갑에서 동전을 꺼낸 뒤,
통화하는 동안 지갑을 전화기 위에 올려놓았습니다.
통화를 끝내고 다시 공놀이를 하다가, 자장면을 사
먹으러 갈 때가 되어서야 지갑을 놓고 왔다는 사실을
알았습니다. 깜짝 놀란 아이들이 쏜살같이 공중전화
박스로 뛰어갔지만, 그러나 있어야 할 지갑은 보이지
않았습니다. 한 친구가, 조금 전 한 아주머니가 공중전화
박스에서 나왔다고 했습니다. 아이들은 혹시나 하면서
그 아주머니를 찾기 위해 사방으로 뛰어다녀 보았지만,
그러나 아주머니의 그림자도 보이지 않았습니다. 그토록
꿈에 부풀었던 자장면도 떡볶이도 송두리째 날아가
버리고 말았습니다. 그때 승국이의 머릿속에 반짝 하고
떠오르는 생각이 있었습니다. 승국이의 아이디어에
동의한 아이들은 다시 공중전화로 뛰어갔습니다.

승국이는 황급히 긴급통화 버튼과 다이얼 112를
계속하여 눌렀습니다. 상대의 응답이 있자, 초등학교
3학년인 승국이가 다급한 목소리로 말했습니다.

"아저씨, 우리 형아가요, 지갑을 잃어버렸는데요..."
승국이의 말이 채 끝나기도 전에 경찰관 아저씨가 이렇게
말했습니다.

"어린이는 이런 장난전화하면 못쓴다."
그리고 전화를 끊어 버렸습니다.

아이들의 본심은 절대로 장난치려 한 것이 아니었습니다.
경찰관 아저씨를 골려 주려던 것도 아니었습니다.
평소에 학교에서 배운 대로 경찰관 아저씨에게 신고하고,
혹 도움을 얻을 수 있는지 문의하려는 것이었습니다.

아이들은 자장면과 떡볶이 사 먹을 돈을 잃어버렸다는
사실보다도, 믿었던 경찰관 아저씨가 자신들의 속마음을
무시했다는 것 때문에 더 절망하고 있었습니다.

사랑은 가장 작은 소리마저 듣는 것입니다. 듣지 않고
사랑한다는 것은 상대를 위한 사랑이 아니라, 자기
자신을 위한 병든 이기심일 뿐입니다. 하나님께서
사랑이신 것은, 우리의 신음 소리까지 다 듣고 계시기

때문입니다.

여호와여 주께서 나를 살펴 보셨으므로 나를 아시나이다
주께서 내가 앉고 일어섬을 아시고 멀리서도 나의 생각을
밝히 아시오며 나의 모든 길과 눕는 것을 살펴보셨으므로
나의 모든 행위를 익히 아시오니 여호와여 내 혀의 말을
알지 못하시는 것이 하나도 없으시니이다(시 139:1-3)

"아, 따뜻해"

"나도 갈래"는 막내 승주의 십팔번입니다. 저나 아내가
어디 나가려고만 하면, 어김없이 "나도 갈래" 하고 따라
나섭니다.

그날 밤은 수은주가 영하 11도를 기록하던 추운
날이었습니다. 저녁 식사를 끝낸 후 문방구를 잠깐
다녀오려는데, 아니나 다를까 이번에도 승주가 "나도
갈래" 하며 따라붙었습니다. 오늘은 날씨가 너무너무
추워 문방구까지 걸어갔다 오면 꽁꽁 얼어 감기 들 테니
안 된다고 했지만, 승주는 막무가내였습니다. 셔츠만
입고 있던 승주에게 할 수 없이 그러면 옷을 입고 오라고

했더니, 행여 그동안 아빠 혼자 가버릴까 염려한 승주는 스웨터도 입지 않은 채 파커만 걸치고 뛰어나왔습니다. 스웨터를 입고 오라고 다시 말했지만, 승주는 앞장서서 제 손을 잡고 현관문을 나섰습니다.

마당에 나가자마자 찬 바람이 몰아닥쳤습니다. 대문 밖 길가의 찬 바람은 더 매서웠습니다. 제 손을 잡고 있는 승주의 목이 자꾸 파커 속으로 기어 들어갔습니다. 제가 물었습니다.

"승주야, 춥지?"

그러자 승주는 엉뚱하게도 이렇게 대답하는 것이었습니다.

"아, 덥다."

만약 춥다고 대답하면 제가 집으로 돌아가라고 할까 봐 하는 말이었습니다. 말은 그렇게 하면서도 제 손을 잡고 있던 손을 놓더니 양손을 파커 소매 안으로 집어넣은 뒤, 저더러 자기 소매를 잡으라고 했습니다. 영하 11도의 혹한에 장갑도 끼지 않고 나왔으니 손이 시렸던 겁니다. 그리고 발걸음을 뗄수록 승주의 목은 자꾸만 파커 속으로 더 깊이 파묻혔습니다.

마침내 골목길을 빠져 나가 대로변에 이르렀습니다.
한강으로부터 불어오는 바람은 정말 위협적이었습니다.
순간 승주가 그만 실수를 하고 말았습니다. 자기도 몰래,
"아이, 추워!" 하고 말해 버린 것이었습니다. 제가 다시
물었습니다.

"승주야, 춥지?"
얼굴색이 새파랗게 변한 채 벌벌 떨던 승주는, 그러나
또다시 이렇게 대답했습니다.

"아, 따뜻해."
저는 승주를 번쩍 들어 제 품으로 꼭 안았습니다. 승주는
기다렸다는 듯이 제 품으로 마구 파고들었습니다.
승주를 안고 걸으면서 다시 물었습니다.

"승주야, 춥지?"
승주가 들릴 듯 말 듯한 목소리로 "예" 하고
대답했습니다. 정말 사랑스러웠습니다.
우리가 인생의 혹한기 속에서도 '아, 따뜻해!' 하며
주님을 따를 때, 우리를 기뻐하실 주님의 기쁨이 얼마나
크시겠습니까?

나의 평생에 선하심과 인자하심이 정녕 나를 따르리니 내가

여호와의 집에 영원히 거하리로다(시 23:6)

"먼저 끊어라"

제가 섬기는 '주님의교회'는 강남구 논현동에 소재한
반면에, 제 집은 마포구 합정동에 있습니다. 꽤나 먼
거리입니다. 교회와 집을 오가며 길 위에서 버리는
시간을 다 합치면, 일주일 중 하루를 꼬박 자동차 안에서
지내는 꼴이 됩니다. 그래서 안식년이 끝난 금년 초,
교회에서 교회 곁에 '교회 집'을 마련해 주어 얼마나
편한지 모릅니다.

걸어서 3분. 결과적으로 일주일에 하루를 번 셈이
되었습니다. 그러나 그 덕분에 일주일에 닷새 동안은
가족들과 떨어져 있어야만 합니다. 금요일과 주일 밤을

제외한 닷새 동안은 저 혼자 교회 집에서 기거합니다.
바꾸어 말하자면, 금요일 밤과 주일 밤만 합정동 집에서
가족과 함께 지냅니다. 그래서 가족들에 대한 사랑은 늘
새롭습니다.

수요성경공부나 목요일의 '성숙자 반'이 끝난 뒤, 헤어지기
전에 아내와 단둘이 갖는 '티 타임'은, 늘 함께 있을
때에는 생각지도 못했던 다정함을 느끼게 해줍니다.
닷새마다, 작년 봄부터 병상에 누워 계신 어머님을
닷새마다 뵙고 찬송을 불러 드릴 때는, 모자지간의 깊은
사랑을 새삼 확인하기도 합니다.

금요일 저녁 대문을 들어서면 "아빠다!" 하고 뛰쳐나오는
네 명의 아이들은, 제 생명의 기쁨이요 보람이 아닐
수 없습니다. 가족이 서로 그리워할 수 있다는 것과
늘 새롭게 사랑할 수 있다는 것은, 분명 하나님의 큰
은총입니다.

일주일 중 이틀만 가족들과 함께 있다고 해서, 나머지
닷새 동안에는 가족과의 대화가 단절되는 것은 아닙니다.
떨어져 있는 동안에는, 아침이나 밤중에 전화로 대화가
계속됩니다. 얼굴을 마주보며 대화를 나누는 것도

아름다운 일이지만, 그리움을 품고 전화로 얘기를
나누는 것은 또 다른 아름다움을 지니고 있습니다.
그런데 가족들과의 전화 통화가 거듭되면서, 저는 중요한
사실을 한 가지 발견하게 되었습니다. 아이들과 전화할
때에는, 마지막 인사를 서로 주고받은 뒤에도 제가 먼저
수화기를 내려놓지 못한다는 사실이었습니다. 제가
전화를 끊지 못하면 으레 아이들이 묻습니다.

"아빠, 왜 전화 안 끊어요?"

그러면 저는 이렇게 대답합니다.

"네가 먼저 끊어라."

그리고 수화기 속에서 '찰칵' 소리를 듣고 나서도,
저는 아이들의 모습을 눈앞에 그리면서 한참 동안이나
수화기를 들고 있다간 내려놓습니다. 그래서 저는 저
나름대로 '아빠란, 아이들의 전화를 먼저 끊지 못하는
존재'라고 정의해 보았습니다.

당신이 기도가 끝난 뒤 일방적으로 기도의 전화를
끊어 버린다 할지라도, 계속 수화기를 드신 채 당신을
생각하고 계시는 하나님께서 당신의 아버지시라는
사실은 얼마나 감격적인 은총입니까?

볼지어다 내가 세상 끝날까지 너희와 항상 함께 있으리라

(마 28:20하)

"저는 이승주입니다"

올해부터 저희 집에서 '영아'란 말은 자취를 감추게
되었습니다. 막내 승주가 '주님의교회' 영아부에서
유치부로 진급했기 때문입니다. 유치부 어린이가
되고 보니 영아부 때와는 달리, 매주일 성경 말씀을
암송해 가야 합니다. 얼마 전에는 시편 1편을 외우기로
되어 있었습니다. 엄마와 더불어 매일 열심히 외우던
승주는 드디어 토요일 저녁, 할머니와 가족들 앞에서
마지막 점검 겸 실력 과시를 위해 시편 1편을 외우기
시작했습니다.

"복 있는 사람은 악인의 꾀를 좇지 아니하며

죄인의 길에 서지 아니하고
오직 여호와의 율법을 즐거워하여
그 율법을 주야로 묵상하는 자로다
저는……"
2절까지는 잘 외우던 승주가 3절의 "저는……"에서
걸리고 말았습니다. 계속되는 3절 말씀은, "저는
시냇가에 심은 나무가 시절을 좇아 과실을 맺으며
그 잎사귀가 마르지 아니함 같으니 그 행사가 다
형통하리로다"이지만, 승주가 그만 잊어버리고 만
것이었습니다. 한참 생각하던 승주는 다시 "저는……"
하고 애를 써봅니다. 우리가 노래 가사를 잊었을 때에
처음부터 다시 불러 보듯이 말입니다. 그런데도 한 번
지워진 승주의 기억은 되살아나지 않았습니다. 그러나
승주는 포기하지 않았습니다. 무엇인가 계속 골똘하게
생각하던 승주의 눈이 반짝하고 빛났습니다. 그리고
자신 있게 계속했습니다.
"저는 이승주입니다."
3절 말씀을 잊어버려 제일 첫머리인 '저는……'만을 세
번이나 거듭 외우던 승주는, 자신이 지금 시편 1편을

외우고 있다는 사실 자체를 망각해 버린 것이었습니다.
그러다가 '저는'이 '나는'이란 뜻임을 순간적으로 기억해
낸 승주는 자신 있게, "저는 이승주입니다" 하고 말한
것이었습니다.

그 자리에 있던 온 식구들이 배꼽을 잡고 웃었습니다.
승주 역시 영문도 모른 채, 까르르 웃음을 터뜨렸습니다.
자기가 하던 일을 깜빡 잊어버리고, 엉뚱하게도 "저는
이승주입니다"라고 말하는 승주의 모습은 참으로
귀여웠습니다. 그러나 이미 성인인 우리가 하나님의
자녀임을 망각하고 엉뚱한 짓을 행한다면 얼마나 추해
보이겠습니까?

> 내가 어렸을 때에는 말하는 것이 어린 아이와 같고
> 깨닫는 것이 어린 아이와 같고 생각하는 것이 어린 아이와
> 같다가 장성한 사람이 되어서는 어린 아이의 일을 버렸노라
>
> (고전 13:11)

한밤의 위문공연

제가 일주일에 닷새 동안은 가족들과 떨어져, 교회
근처의 '교회 집'에서 혼자 기거하고 있음은 이미
말씀드린 적이 있습니다.

2주 전이었습니다. 새벽부터 잠시 동안의 여유도 없이
일하다가 밤늦게 텅 빈 '교회 집'으로 돌아와 앉았을 때,
갑자기 심신이 피곤해지며 가족들이 보고 싶었습니다.
집으로 전화를 걸자 마침 첫째 승훈이가 받았습니다. 별
기대 없이 승훈이에게 말했습니다.

"승훈아, 지금 아빠가 몹시 지쳐 있거든, 너희들이 아빨
좀 기쁘게 해주지 않을래?"

"알았어요."
하는 대답과 함께 승훈이의 씩씩한 노랫소리가
수화기에서 울리기 시작했습니다.

    하늘 향해 두 팔 벌린 나무들같이

    무럭무럭 자라나는 나무들같이

    너도 나도 씩씩하게 어서 자라서

    새 나라의 기둥 되자 우리 어린이

승훈이의 노래가 끝나자 둘째 승국이가 나타나
'리코더'를 멋진 솜씨로 불기 시작했습니다. '유관순'
이었습니다.

    3월 하늘 가만히 우러러보며

    유관순 누나를 생각합니다

    옥 속에 갇혀서도 만세 부르다

    푸른 하늘 그리며 숨이 졌대요

셋째 승윤이가 가만히 있을 리 없습니다. 분위기를 살려

가며 '올챙이'를 부릅니다.

개울가에 올챙이 한 마리
꼬물 꼬물 헤엄치다
뒷다리가 쑤욱 앞다리가 쑤욱
팔짝 팔짝 개구리 됐네
꼬물 꼬물 올챙이가
뒷다리가 쑤욱 앞다리가 쑤욱
팔짝 팔짝 개구리 됐네

형아들이 아빠를 위해 위문공연을 하는 동안, 자기는
시켜 주지 않는다며 울던 막내 승주가 마침내 수화기에
등장했습니다. 아직까지 훌쩍거리는 음성으로 노래를
합니다.

우리 집 강아지는 복실 강아지
학교 갔다 돌아오면 멍멍멍
반갑다고 꼬리치며 멍멍멍

이제 다 끝났는가 싶었는데, 곧이어 아내의 단소 부는 소리가 청아하게 들려왔습니다.

그것은 정말 멋진 위문공연이었습니다. 수화기를 내려놓았을 때 '교회 집'은 더 이상 텅 빈 집이 아니었습니다. 가족들의 사랑의 노랫소리가 가득 차 있었습니다. 하루의 피로가 말끔히 가신 것은 두말할 나위가 없습니다. 하나님의 자녀 된 우리가 하나님 아버지 앞에서 '위문공연'을 해드릴 때, 아버지께서 기뻐하실 그 기쁨을 상상해 보신 적이 있습니까?

> 나의 하나님이여 내가 또 비파로 주를 찬양하며 주의 성실을
> 찬양하리이다 이스라엘의 거룩하신 주여 내가 수금으로
> 주를 찬양하리이다(시 71:22)

"세월이 겁나요"

지난해, 셋째 승윤이의 생일날이었습니다. 아빠와 엄마가
준비한 생일선물은 승윤이가 원했던 '레고 박스Lego Box'
였습니다. 두 형아들도 승윤이의 마음에 꼭 드는
선물을 주었습니다. 승윤이는, 받은 선물들을 즐기느라
밤늦게까지 잠잘 생각을 않았습니다. 이윽고 밤 12시가
가까워서야 졸린 듯 하품을 하면서 이렇게 말했습니다.
"아빠, 내년 생일날에는 '롤러 스케이트'를 선물로
사주세요."
승윤이는 제 약속을 받아 내고서야 잠이 들었습니다.
다음 날 아침이 되었습니다. 승윤이가 눈을 뜨자마자

물었습니다.

"아빠! 이제 몇 밤 자면 제 생일이에요?"

"삼백육십다섯 밤."

"어휴-, 그렇게 많이요?"

그날 이후로 승윤이는 생각만 나면 끈질기게 물었습니다.

"이제 몇 밤 자면 되요?"

"이백구십 밤."

"아이-, 아직 되게 많이 남았네."

"이제 몇 밤 남았어요?"

"백팔십 밤."

"아직도?"

"이젠 몇 밤 지나면 되요?"

"휴-, 왜 이렇게 시간이 빨리 가지 않는 거야?"

"이젠 몇 밤?"

"삼십 밤."

"야! 삼십 밤 남았다."

그날부터 승윤이의 '카운트다운'은 하루에도 몇
번씩이나 반복되었습니다. 드디어 승윤이의 생일 닷새
전이었습니다.

"이제 몇 밤 자면 되요?"

"네 밤."

승윤이가 환호성을 지르면서 온방을 껑충껑충 뛰어다닙니다. 그 모습을 보면서 제가 승윤이에게 말했습니다.

"승윤아, 정말 세월 빠르지. 삼백육십다섯 밤부터 세었는데 벌써 1년이 다 지나갔어."

그때 둘째 승국이가 심각한 표정으로 말했습니다.

"아빠, 전 세월이 빨리 가는 게 겁나요!"

순간 제 귀가 번쩍 뜨였습니다. 이제 초등학교 3학년인 아이가 세월 겁남을 깨달았다면 비범한(?) 아이임에 틀림없을 것이기 때문입니다. 잔뜩 기대를 걸고 그 이유를 묻자, 승국이의 대답은 다음과 같았습니다.

"세월이 빨리 가면 개학이 되고 개학이 되면 방학숙제를 끝마쳐야 되거든요."

당신이 지금 해야 할 바를 하고 있지 않다면 언젠가는 반드시, 세월 빠름을 두려워할 때가 오고 말 것입니다.

우리의 년수가 칠십이요 강건하면 팔십이라도 그

년수의 자랑은 수고와 슬픔뿐이요 신속히 가니 우리가

날아가나이다(시 90:10)

어머님의 눈물

작년 봄부터 병상에 누워 계시는 어머님께서는, 사람의 도움 없이는 전혀 움직이지 못하십니다. 그래서 명절이 되면 아내는 대문 바깥을 나갈 수가 없습니다. 어머님을 도와주시는 아주머님의 귀향으로 아내가 어머님 곁을 밤낮으로 지켜야 하는 까닭입니다. 지난 추석 연휴기간 동안에도 마찬가지였습니다.

연휴가 시작된 지 이틀째 되는 날이었습니다. 어머님 방으로 들어갔을 때, 아내가 어머님께 포도를 먹여 드리고 있었습니다. 모처럼 어머님을 위해 봉사도 할 겸, 연휴기간 동안 일곱 식구 하루 세끼씩 먹이느라 애쓰는 아내도 도울 겸, 제가 포도 쟁반을 받아 들었습니다.
저는 아내가 가르쳐 준 방법대로 어머님께 포도를 먹여
드리기 시작했습니다. 포도알을 송이에서 떼어 내 그
알맹이를 칼로 이등분한 다음, 칼끝으로 씨를 후벼
내고 껍질을 잡아 어머님의 입에 대고 누르면, 알맹이가
쏙 하고 어머님 입으로 들어가는 방식이었습니다.
다른 과일을 드릴 때에 비해 크기는 작지만 더 많은
시간과 정성을 필요로 하였습니다. 어머님께서 그것을
모르실 리가 없었습니다. 겨우 세 알을 드렸을 때 이렇게
말씀하셨습니다.

"이제 됐다."

그러나 그 말씀의 동기가 정말 배부르기 때문이 아니라,
자식인 제게 미안하기 때문임을 알고 있는 저는 계속
포도알을 같은 방법으로 까 드렸습니다. 제가 드리는
대로 받아 잡수시던 어머님의 눈에 눈물이 고이더니
이내 양 볼을 타고 주루루 흘러내렸습니다. 갑자기 제
눈시울도 뜨거워졌습니다. 어머님의 눈물을 닦아 드리자
어머님께서 천천히 말씀하셨습니다.

"고맙고…… 미안하다."

저는 어머님의 손을 꼭 잡으면서 이렇게 말씀드렸습니다.

"제가 감사드리고, 제가 미안합니다."

비록 짧은 말이었지만, 그 짧은 대화 속에서 어머님과 저는 얼마나 길고 긴 사랑의 이야기를 나누었는지 모릅니다.

자식의 마음을 정화시키고 순화시켜 주며, 인생의 의미와 깊이를, 그리고 참사랑을 일깨워 주는 눈물을 흘려 줄 부모님이 계시다는 것은 얼마나 큰 은총입니까?

금년 봄 제 생일날, 어머님께서는 절 위해 이런 기도를 해주셨습니다.

"재철이에게 이런 복된 날을 주셔서 감사합니다. 또 '주님의교회'를 복되게 해주신 것도 감사합니다. 재철이가 언제나 진실한 목사 되게 해주셔서, '주님의교회'가 많은 사람들의 보금자리가 되게 해주십시오. 우리가 잘나서 사는 것이 아니라, 오직 하나님의 은총으로 사는 것임을, 재철이가 일평생 잊지 않게 해주십시오."

그날도 어머님은 눈물을 흘리셨습니다. 부모님이 오래 살아 계시다는 것은 확실히 큰 은총입니다.

네 부모를 공경하라 그리하면 너의 하나님 나 여호와가 네게

준 땅에서 네 생명이 길리라(출 20:12)

승훈이의 세족식

제자들의 발을 씻어 주신 예수님께서는, 너희도
서로 발을 씻어 주라고 명령하셨습니다(요 13:14). 서로
발을 씻어 주라는 주님의 명령은 구체적으로 무슨
의미이겠습니까?

옛날 이스라엘 사람들의 신발은 샌들이었기에 길을
걸으면 발이 먼지로 더러워지기 일쑤였습니다. 그러므로
상대의 발을 씻어 주는 것은, 그 사람의 추함과 허물을
씻고 가려 주는 봉사의 행위일 수 있습니다. 또 먼 길을
걸으면 발이 가장 피곤해집니다. 그때 시원한 물로
발을 씻으면 온몸에 새 정신이 듭니다. 따라서 상대의

발을 씻어 주는 것은, 삶에 지치고 피곤한 사람을 위한 위로와 격려의 행위일 수도 있습니다. 신학적으로는 세례와 관련하여 회개를 뜻할 수도 있습니다. 그러나 어떤 경우이든 상대의 발을 씻겨 주기 위해서는 상대의 발아래에 무릎을 꿇지 않으면 안 된다는 사실이 중요합니다. 종의 자세와 마음을 취하지 않고서는 불가능한 것입니다. 주님께서 당신을 본받아 서로 발을 씻어 주라고 명령하시는 것은, 이처럼 서로 상대를 우러러 섬기는 삶을 살라는 의미입니다.

사람들은 누구나 자기중심으로, 자기 마음대로 살기 원합니다. 누군가를 섬기기 위해 그 사람의 발아래에 무릎 꿇는 심정으로 사는 것을 곤혹스러운 일로 여깁니다. 그러나 주님께서는 그런 삶이 복된 삶이라고 말씀하십니다. 우리가 누군가를 섬기기 위해 그 사람의 발아래에 무릎을 꿇을 때, 우리의 발을 씻겨주시기 위해 우리 발아래 무릎 꿇고 계시는 주님을 인격적으로 만날 수 있기 때문입니다.

이제 초등학교 5학년인 첫째 승훈이의 담임선생님이 특이한 숙제를 내주었습니다. 그리스도인인 그 선생님이

내준 숙제는, 집에서 부모님의 발을 씻어 드린 다음 느낀
점을 수업시간에 발표하라는 것이었습니다. 승훈이가
목욕탕에서 대야에 물을 떠 놓고, 엄마 발아래에
무릎을 꿇고 엄마의 발을 씻기기 시작합니다. 처음에는
장난스럽게 시작했던 승훈이의 얼굴에 시간이 흐르면서
감동의 빛이 서리기 시작합니다. 아이에게 발을 내맡긴
엄마의 눈에는 이슬이 맺힙니다. 이윽고 엄마 발을
수건으로 닦아드리며 승훈이가 말했습니다.
"엄마, 제가 예수님이 된 것 같아요."
승훈이는 그날 엄마의 발아래에서 예수님을 느끼고 만난
것입니다. 예수님께서는 높은 곳에 계시지 않습니다.
예수님께서는 누군가의 발아래에 계십니다.

> 너희 안에 이 마음을 품으라 곧 그리스도 예수의 마음이니
> 그는 근본 하나님의 본체시나 하나님과 동등됨을 취할
> 것으로 여기지 아니하시고 오히려 자기를 비워 종의 형체를
> 가지사 사람들과 같이 되셨고 사람의 모양으로 나타나사
> 자기를 낮추시고 죽기까지 복종하셨으니 곧 십자가에
> 죽으심이라 (빌 2:5-8)

"말도 안 돼!"

지난 금요일 밤, 모처럼 아이들과 함께 TV 뉴스를
시청하였습니다. 마침 그날은 전직 대통령이 비자금
파문과 관련하여 대국민 사과문을 발표한 날이어서, TV
뉴스는 온통 그와 관련된 내용으로 가득 차 있었습니다.
뉴스를 시청하면서 첫째 승훈이가 비자금이 무엇인지
물었습니다. 그래서 제가 이렇게 대답했습니다.
"비자금은 떳떳하게 밝힐 수 없는, 부정직한 검은
돈이야."
잠시 후 함께 TV 뉴스를 시청하던, 이제 겨우 일곱 살인
셋째 승윤이가 불쑥 내뱉었습니다.

"대통령이 도둑질을 하다니, 말도 안 돼!"

저는 법률적으로 비자금을 도둑질이라 표현할 수
있는지는 잘 알지 못합니다. 하지만 분명한 사실은,
대통령이 권력을 이용하여 그토록 천문학적인 비자금을
축재한 것은 어린아이가 보기에도 말도 안 되는
이야기라는 것입니다. 저는 말도 안 된다는 승윤이의
말을 듣고 홀로 이런 생각을 해보았습니다.

이 세상에서 말이 되는 삶을 사는 사람은 몇 사람이나
될까? 정치인과 공직자 그리고 기업인치고 전직 대통령을
비난할 만큼 비자금과 무관하게 살고 있는 사람은 몇
명이나 될까? 정직하게 땀 흘려 번 깨끗한 소득만으로
살아가는 사람은 국민의 몇 퍼센트나 될까? 주어진
권한을 남용하지 않고 섬김의 도구로만 사용하는 사람은
얼마나 될까? 작은 구멍가게를 경영한다고 해서 납세의
의무를 저버리고 살아간다면, 과연 그 사람의 소득은
면죄부를 받아도 좋은가? 자신이 지닌 재산이 얼마든
자식들 앞에서 자신의 축재 과정을 호리毫釐도 남김없이
모두 밝힌 뒤, 자식들로부터 "우리 아버지가 그런 식으로
돈을 벌었다니 말도 안 돼"라는 소리를 듣지 않을 사람은

얼마나 있을까?

정작 우리 자신은 어떻습니까? 주님을 좇는 그리스도인인 우리 자신은 지금 말이 되는 삶을 살고 있습니까, 아니면 우리 역시 말도 안 되는 삶에 혈안이 되어 있습니까? 비자금 파문으로 우리가 그토록 비난하고 있는 전직 대통령과 우리 사이에는 대체 어떤 차이가 있습니까? 잊지 마십시오. 우리가 인간을 진정으로 사랑하기 전까지는, 우리는 결코 말이 되는 삶을 살 수 없습니다. 인간을 사랑하지 않는 사람은 인간관계에서 법을 준수할 리도, 정직하게 살 리도 없으므로, 그 사람은 평생 말도 안 되는 삶을 살 수밖에 없습니다. 단지 자기 홀로 말이 된다고 착각할 따름입니다. 그러나 착각은 아무리 세월이 흘러도 변함없이 말도 안 되는 착각일 뿐, 결코 말이 되는 진실이 될 수는 없습니다.

> 간음하지 말라, 살인하지 말라, 도둑질하지 말라, 탐내지
> 말라 한 것과 그 외에 다른 계명이 있을지라도 네 이웃을 네
> 자신과 같이 사랑하라 하신 그 말씀 가운데 다 들었느니라

사랑은 이웃에게 악을 행치 아니하나니 그러므로 사랑은

율법의 완성이니라(롬 13:9-10)

"전도사님이었으면"

일주일 내내 '교회 집'에서 홀로 기거하는 저는 금요일
오후가 되어서야 '합정동 집'으로 가서 가족들과
상봉하게 됩니다. 따라서 일주일 중 가장 기쁜 날을
고르라면 단연 금요일 밤입니다. 이날을 기다리며
일주일을 견딜 수 있습니다.

토요일에는 아침부터 저녁까지 하루 종일 주일 설교
준비를 마친 다음, 밤이 되면 재차 교회 집으로
갑니다. 주일 1부 예배가 아침 일찍 시작되는 관계로
여유 있게 주일을 맞이하기 위함입니다. 그리고 주일
저녁 찬양예배가 끝나면 다시 합정동 집으로 왔다가,

월요일 저녁이 되면 홀로 교회 집으로 떠납니다. 이때가
일주일 중에서 가장 아쉬운 시간입니다. 금요일 밤까지
가족들과 떨어져 있어야 하기 때문입니다.

그날 밤도 월요일이었습니다. 저녁 식사가 끝난 뒤
가방을 챙겨 교회 집으로 출발하기 위해 거실로 나왔을
때입니다. 저와 눈이 마주친 첫째 승훈이가 이런 말을
했습니다.

"아빠가 부목사님이시라면, 교회 집에서 혼자 고생하시지
않아도 되고, 또 토요일에도 하루 종일 힘들게 설교
준비하실 필요도 없잖아요."

그러자 이번에는 셋째 승윤이가 나섰습니다.

"난 아빠가 전도사님이었으면 좋겠어. 그러면 우리와
맨날 맨날 같이 계셔도 되잖아?"

아빠와 헤어지기 아쉬워하는 아이들의 마음이 고스란히
제 마음에 전해져 왔습니다. 말은 하지 않았지만, 둘째
승국이와 막내 승주의 얼굴에도 서운함이 역력했습니다.
저는 차례대로 아이들을 꼭 껴안아 준 다음 집을
나섰습니다. 그리고 늦은 밤 한가로운 강변도로를
달리면서, 아쉬운 마음으로 남아 있는 아이들에게 제

심정을 이렇게 혼잣말로 띄워 보냈습니다.

"사랑하는 아들들아, 사람은 아쉬워도 가야 될 길이
있단다. 언젠가는 너희들이, 너희들을 두고 이 길을
가는 아빠를 자랑스러워 할 때가 반드시 있을 거야.
아빠 너희들도 성인이 되면, 아무리 서운하고 외로워도
너희들이 가야 할 길을 꿋꿋하게 걸어가는 사람들이
되게끔, 이 밤에도 하나님께 기도드린다."

벌써 한 해를 마무리하는 12월이 되었습니다. 이렇게
해서 다시 못 올 한 해가 사라져 갑니다. 당신은 올 한
해 동안 바른 길을 걸어왔습니까? 아니라면 지금이라도
지체 말고 걸어야 할 그 길에 들어서십시오. 새해는 바른
길 위에서만 맞이할 수 있습니다.

어떤 길은 사람이 보기에 바르나 필경은 사망의 길이니라

(잠 16:25)

"애들이 안 본다구요?"

아이들이 많다 보니, 일찍부터 '스스로'를 강조하며
아이들을 키웠습니다. 세수도 스스로 하고, 옷도 스스로
입어야 하며, 식사 후에 자기 그릇도 스스로 치워야
합니다. 그뿐 아니라 아침 저녁으로 기도도 스스로 해야
하며, 성경도 스스로 읽고 스스로 써야 합니다. 그러다
보니 이제 만 4년밖에 안 된 막내 승주도 아침이 되면
자기 옷을 스스로 챙길 정도까지 되었습니다.
얼마 전 금요일 저녁에 교회 집에서 합정동 집으로
돌아와 보니, 아이들은 한 가지를 더 스스로 할
것을 작정하고 있었습니다. 식사 도중에 필요한 것은

무엇이든지 스스로 가져온다는 것이었습니다. 이를테면
밥을 먹다가 물이 필요하거나 밥이 더 필요할 때, 엄마의
도움을 요청하지 않고 스스로 해결한다는 것이었습니다.
온 식구가 식탁에 둘러앉았을 때에 아이들이 그 사실을
제게 이야기해 주면서, 아빠도 그렇게 해야 된다고
말했습니다. 그러자 듣고 있던 아내가 입을 열었습니다.
"애들아, 아빠 교회 집에서 일주일에 닷새 동안이나
모든 것을 스스로 하고 계시잖니. 그러니까 우리와 함께
합정동 집에 계시는 동안만큼은 좀 편안하게 지내셔야
돼. 아빠 예외로 해 드리는 게 어떻겠니?"
첫째와 둘째는 당연하다는 듯 아내의 말에 동의했지만,
셋째와 넷째는 절대로 그럴 수 없다는 것이었습니다.
아이들이 좋은 품행을 스스로 익히겠다는데 저만
불참할 수는 없었습니다. 그래서 저 역시 그렇게
하겠다고 아이들에게 다짐했습니다.
이윽고 식사가 시작되었습니다. 식사 도중에 더 필요한
밥을 첫째 승훈이가 퍼 왔고 물통은 둘째 승국이가
가져왔으며, 모자라는 컵은 셋째 승윤이와 막내
승주가 가져왔습니다. 저희 부부보다 먼저 식사를 끝낸

아이들은, 각자의 그릇을 싱크대로 치운 다음 거실
소파에 앉아 서로 놀기 시작했습니다.

식탁에는 저희 부부만 남게 되었습니다. 작은 밥그릇의
양이 조금 모자란 듯싶어 제가 밥을 더 푸러 가기 위해
막 일어서려는데, 소파에서 놀고 있는 아이들의 모습이
시야에 들어왔습니다. 아무도 우리에게 신경을 쓰고 있지
않는 듯했습니다. 그래서 슬그머니 도로 앉아 아내에게
빈 그릇을 내밀면서 속삭였습니다.

"애들이 안 볼 때 빨리 퍼다 줘요."

그 순간 등을 돌리고 소파에 앉아 있던 셋째 승윤이가
갑자기 몸을 돌리며 소리쳤습니다.

"아빠, 애들이 안 본다구요? 난 봤어요!"

저는 승윤이의 질책을 받고서야 스스로 밥을 퍼
왔습니다.

또 새해가 되었습니다. 애들도 이처럼 보고 있는데 어찌
하나님께서 못 보실 것이 있겠습니까? 이 사실을 잊지
않으면, 올해 우리의 삶은 정녕 달라질 것입니다.

감추인 것이 드러나지 않을 것이 없고 숨은 것이 알려지지 않을 것이 없나니(눅 12:2)

승윤이와 흰 돌

겨울방학이 시작되자 아이들이 저희들끼리 바둑을
배운다며 바둑판과 돌을 사 왔습니다. 그러나 바둑
선생은 첫째 승훈이나 둘째 승국이가 아니라, 이제
유치원생인 셋째 승윤이었습니다. 승윤이만 유치원에서
바둑을 배운 까닭이었습니다. 승윤이는 주저하지
않고 흰 돌을 잡았습니다. 바둑에서는 상수가 흰
돌을 차지하기 때문입니다. 흰 돌을 차지한 승윤이는
검은 돌을 쥔 형들을 가르치면서 잘못하면 꾸짖기도
했습니다. 형들은 꼼짝없이 승윤이가 시키는 대로 할
수밖에 없었습니다.

며칠이 지나서였습니다. 승윤이가 저더러 바둑을 한 판 두자고 했습니다. 그래서 십 수 년 만에 처음으로 바둑판 앞에 앉았습니다. 이를테면 아이들이 태어난 뒤 아이들과 첫 대국을 벌이는 역사적인 순간이었습니다. 제가 당연한 듯 흰 돌을 잡으려 하자, 승윤이가 제 손을 탁 치면서 흰 돌 통을 자기 앞으로 끌어갔습니다. 까닭을 묻자 승윤이가 서슴없이 대답했습니다.

"제가 아빠보다 잘 두잖아요."

태어난 이래 아빠가 바둑 두는 모습을 한 번도 본 적이 없었기에, 승윤이가 아빠의 바둑 실력을 형들 수준과 똑같이 생각한 것이었습니다. 저는 승윤이에게 '만약 첫 판을 네가 이기면 흰 돌을 되돌려주겠다'고 간신히 설득하여 흰 돌을 받아 들었습니다. 그리고 승윤이에게 24점을 미리 놓게 한 뒤에 부자지간의 첫 대국을 시작했습니다. 결과는, 바둑판 위에 승윤이의 집은 단 한 집도 남아 있지 않았습니다. 승윤이의 완패였습니다. 그 이후로 승윤이는 제 앞에서 다시는 흰 돌을 잡으려 하지 않았습니다. 그리고 다른 아이들에게도 제가 바둑에 관한 한 경이의 대상이 되었습니다. 아이들이 보기에 아빠는 천하무적의 기사였던 겁니다.

그런데 말입니다. 제가 우리 집 아이들 앞에서
천하무적의 기사로 군림한다고 해서 이창호 국수를
만나서도 굳이 제가 흰 돌을 잡겠다고 나선다면 어떻게
되겠습니까? 그보다 더 꼴불견이 있겠습니까? 그래서야
제 앞에서 흰 돌을 차지하려던 승윤이와 무슨 차이가
있겠습니까? 하지만 어떻습니까? 우리는 하나님 앞에서
우리 자신이 흰 돌을 잡겠다고 우기고 있지 않습니까?
우리 인생에 관한 한, 우리 자신이 하나님보다 더
고수라는 어처구니없는 자만심으로 말입니다. 그래서
우리 자신의 손으로 우리 인생 판을 스스로 망가뜨리고
있지 않습니까?

나를 존중히 여기는 자를 내가 존중히 여기고 나를
멸시하는 자를 내가 경멸하리라(삼상 2:30하)

승국이의 칭송

부산에서 태어난 저는 48년째 도시에서 살고 있지만,
어쩔 수 없이 영원한 촌사람인가 봅니다. 스테이크나
토스트보다 김치찌개, 된장찌개가 더 좋으니 말입니다.
예전에 사업을 할 때 해외 출장을 가면, 출장 기간만큼
체중이 빠져서 돌아왔습니다. 서양 음식을 먹지
못해서였습니다. 나중에는 한국 음식점이 없는 도시는,
아무리 중요한 일이 있어도 아예 기피할 정도였습니다.
건성으로 주일에만 마지못해 교회에 다니던 제가
예수님을 인격적으로 만나 은혜를 받은 후, 제게 일어난
큰 변화 중의 하나는 서양 음식을 가리지 않게 되었다는

것입니다. 무엇이든 주어진 음식을 감사히 먹게 되었고

그 결과, 이제는 해외 여행을 해도, 적어도 체중이

줄어드는 일은 없어졌습니다.

그렇지만 그동안 음식의 선택권이 제게 있을 때, 제가

자진해서 서양 음식을 선택하는 일만큼은 없었습니다.

아이들은 저와는 달리, 피자나 햄버거와 같은 서양

음식을 더 좋아합니다. 그래서 아이들과 외식을 할 때면

으레 피자집 등을 가게 마련이고, 저는 맛도 모른 채 그저

배를 채우기 위해 피자를 먹곤 하였습니다.

방학이 되면, 아이들은 제가 있는 교회 집으로 번갈아

와서 며칠씩 묵으면서 '아빠와의 데이트'를 즐깁니다.

지난 방학 중 둘째 승국이와 데이트할 때였습니다.

그날도 승국이의 선택에 따라 우리는 피자집에 마주

앉았습니다. 승국이는 당연한 듯 피자를 주문했고, 저는

스파게티를 시켰습니다. 제 마음 같아서는 냉면을 먹고

싶은 밤이었지만 어쩔 수 없는 노릇이었습니다.

드디어 주문한 음식이 나왔습니다. 두 손으로 자기

얼굴만 한 피자를 정신없이 먹는 승국이의 모습이 너무나

귀여워 쳐다보던 중, 승국이와 눈이 마주쳤습니다.

승국이가 두 눈을 반짝이면서 이렇게 말했습니다.

"아빠와 이렇게 단 둘이 앉아서, 아빠가 사 주시는 피자를 먹으니 너무너무 맛있어요. 이제껏 제가 먹어 본 피자 중에 오늘이 제일 맛있었어요."

그러더니 승국이는 피자 한 조각을 집어서 제 앞으로 내밀면서 다시 말했습니다.

"아빠도 한번 드셔 보세요."

이상한 일이었습니다. 그날 밤 그 피자는 정말 맛이 있었습니다. 제 생애 먹어 본 피자 중 가장 맛있는 피자였습니다. 아니, 피자가 맛있다고 느껴 본 것이 그날 밤 처음이었습니다. 그것은 승국이의 '아빠에 대한 칭송의 맛'이었습니다.

칭찬을 듣는 것은 아름다운 일입니다. 자식의 칭송을 듣는 것은 더욱 감격적입니다. 하물며 하나님 아버지께서 우리의 칭송을 들으실 때 얼마나 황홀해하시겠습니까?

> 너희 모든 나라들아 여호와를 찬양하며 너희 모든 백성들아 저를 칭송할지어다 우리에게 향하신 여호와의 인자하심이 크고 진실하심이 영원함이로다 할렐루야(시 117:1-2)

"야! 기회 됐다!"

아이들이 네 명이다 보니, 아이들이 원하는 것을 제때 마련해 주지 못할 때가 많습니다. 아무리 졸라 대어도 필요 없는 것이라 판단되면 단호하게 거절하고 그 이유를 알아들을 수 있도록 설명해 주지만, 필요한 것임에도 불구하고 형편이 되지 않을 때에는 '기회가 되면 해주겠다'고 약속합니다. 위의 세 아이들은 그 말의 의미를 잘 알고 있고, 또 아빠나 엄마가 그렇게 약속한 것은 기회가 되면 반드시 지켜 준다는 것을 이미 경험하였기에, 그 말에 대하여 전혀 이의가 없습니다. 아니, 그 말은 바로 '허락'을 뜻함을 터득하고 있기에,

오히려 그 말이 떨어지는 날부터 기회가 오는 그날을
설레는 마음으로 기다립니다.

초등학교 입학을 앞두고 의연하게 자기 책상에서 책을
읽고 있는 셋째 형을 물끄러미 바라보던 막내 승주가
갑자기 저를 찾았습니다.

"아빠!"

"왜?"

"저한테도 책상 사주세요."

그 목소리가 정말 간절하기도 했지만, 일찍부터 책상에
앉는 습관을 갖는 것도 좋겠다는 생각이 들었습니다.

"그래, 기회가 되면 사줄게."

"아빠! 기회가 되면 꼭 사주세요."

이제 만 4년 2개월밖에 안 된 아이가 더 이상 조르지
않고 순순히 응하는 게 너무 대견스러워 다시 한 번 힘을
주어 말했습니다.

"그래, 기회 되면 꼭 사줄게."

그러자 승주는 갑자기 돌아서더니 손가락을 꼽아 가며
세기 시작했습니다.

"하나, 둘, 셋……"

마침내 양손 손가락을 다 사용하여 '열'까지 세기를
마쳤을 때, 승주는 두 손을 하늘 높이 치켜들고 다시
저를 향해 돌아서면서 외쳤습니다.

"야! 기회 됐다!"

그리고는 제 손을 끌어당기며 다시 말했습니다.

"아빠! 이제 기회 됐으니까 빨리 책상 사주세요!"

저는 승주에게, 기회의 때를 결정하는 사람은
승주가 아니라 아빠임을 누누이 설명했지만, 승주는
막무가내였습니다. 기회가 되었는데도 아빠가 약속을
지키지 않는다며 엉엉 울던 승주의 울음은, 근 30분이나
지나서야 겨우 멈추었습니다.

만사의 때를 당신이 정하려 하면, 당신은 늘 속상하고
울 수밖에 없습니다. '때'를 정하시는 분은 오직
하나님이심을 믿을 때, 우리는 상황을 초월하여 늘
설레는 가슴으로, 소망을 잃지 않고 살아갈 수 있습니다.

천하 범사에 기한이 있고 모든 목적이 이룰 때가 있나니

(전 3:1)

승주의 질문

지난 설 연휴 때였습니다. 아내와 함께 아이들을 데리고 자유로를 따라 북한 땅이 바라다 보이는 통일전망대를 찾았습니다. 산 아래 주차장에서부터 산 위 전망대까지 셔틀버스가 운행되고 있었지만, 몰려든 인파로 셔틀버스를 타려면 한 시간 이상 기다려야 했습니다. 우리는 어른 걸음으로 20분이 걸린다는 산길을 걸어 오르기 시작했습니다. 그러나 이제 만 네 살인 막내 승주 때문에 시간은 훨씬 오래 걸렸습니다. 그날따라 날씨는 추운 데다 임진강에서 차가운 바람이 얼마나 매섭게 몰아치던지, 그날 산행은 우리 가족 모두에게 대단히

힘겨운 산행이었습니다. 이윽고 전망대 입구에 도착하자,
한 쌍의 남녀가 메가폰을 메고 '예수 천당, 불신 지옥'
을 외치고 있었습니다. 그 소리를 유심히 듣던 승주가
물었습니다.

"아빠! 우리도 죽으면 다 천국 가야 되지요?"

그렇다고 대답하자 승주가 근심스런 표정으로 다시
물었습니다.

"천국에도 이렇게 걸어가야 되지요?"

추운 겨울 온갖 고생 다 하며 산길을 올라 겨우 전망대
입구에 도착하여 처음 접한 소리가 '예수 천국'이었기에,
네 살짜리 승주가 천국에도 그렇게 고생하며 걸어
올라가야 되는 것으로 생각한 것이었습니다. 그러나
엉뚱해 보이는 승주의 그 질문은, 주님께서 주신 구원의
의미와 가치를 곱씹게 해주기에 충분했습니다.

우리 발로 걸어서 천국엘 가야 한다면 이 세상 누가
천국에 갈 수 있겠습니까? 백두산에 오른다고 천국에
이를 수 있겠습니까? 에베레스트산 정상에 섰다고
천국에 닿을 수 있겠습니까? 힘들여 걷지 않고 최고급
승용차를 타면 천국에 다다를 수 있겠습니까? 비행기나

우주선이면 가능하겠습니까? 그 모든 것이 불가능함은,
우리는 모두 죄인이기 때문입니다. 죄인은 거룩하신
하나님 앞에서 반드시 죽어야 하기에 그 누구도
천국에 들어갈 수 없습니다. 그럼에도 우리에게 천국이
주어졌음은, 주님께서 우리가 받아야 할 죽음의 형벌을
십자가에서 대신 치러주신 덕분입니다. 우리는 여전히
죄인이지만 주님을 믿으므로, 주님 안에서, 주님의
의를 힘입어, 거룩하신 하나님의 자녀-천국 백성이
되었습니다.

마침 사람을 가득 태운 셔틀버스가 우리 앞을
지나갔습니다. 저는 그 셔틀버스를 가리키며 승주에게
말했습니다.

"천국에는 힘겹게 걸어가는 것이 아니란다. 예수님이란
버스를 타기만 하면 예수님께서 저 셔틀버스처럼 우리를
천국까지 실어다 주시는 거야. 그래서 우리가 모두
예수님을 믿는 거야."

생각하면 생각할수록 우리에게 영원한 생명과 천국을
주시기 위한, 주님의 피 흘리심과 찢어지심보다 더 귀한
은총은 없습니다. 그리스도인이 성찬 예식을 통해 주님의

십자가 고난을 기리고, 그 고난을 통해 우리에게 주신 생명과 천국의 의미를 되새기는 것은, 주님의 은총으로 구원받은 모든 그리스도인의 권리인 동시에 의무입니다.

그들이 먹을 때에 예수께서 떡을 가지사 축복하시고 떼어

제자들에게 주시며 이르시되 받아서 먹으라 이것은 내

몸이니라 하시고 또 잔을 가지사 감사기도 하시고 그들에게

주시며 이르시되 너희가 다 이것을 마시라 이것은 죄 사함을

얻게 하려고 많은 사람을 위하여 흘리는 바 나의 피 곧

언약의 피니라 (마 26:26-28)

"열 번 꺼내 봤어요"

지난 3월 초, 드디어 셋째 승윤이가 초등학교에
입학하였습니다. 이미 위의 두 형아들이 닦아놓은 길이
있기에, 승윤이에게나 우리 부부에게나 불안 같은 것은
전혀 없었고 오히려 희망찬 가슴 설렘이 있었습니다.
그런데 문제가 생겼습니다. 승윤이가 초등학교에
입학하고 보니, 막내 승주가 외톨이가 된 것입니다. 첫째
승훈이가 입학할 때에 둘째 승국이는 동생 승윤이와
함께 있었고, 승국이가 입학할 때에 셋째 승윤이 곁에는
승주가 있었습니다. 그러나 승윤이가 입학하고 보니 막내
승주의 곁에는 아무도 남아 있지 않게 되었습니다. 결국

승주는 태어난 이래 처음으로 혼자 유치원에 가야만
했습니다. 형아들과 함께 다니던 유치원이 흑석동으로
이사를 갔기에, 아침 7시 45분이 되면 유치원 차가
벌써 승주를 데리러 옵니다. 말하자면 세 형아들보다도
더 빨리 승주가 집을 나서야 합니다. 난생 처음 홀로
유치원을 향해 집을 나서던 날 아침 승주는, 배웅하는
형아들을 뭔가 아쉬운 표정으로 몇 번씩이나 뒤돌아보며
외로운 발걸음을 떼었습니다. 저녁에 돌아왔을 때에도
승주의 얼굴에는 그 외로움이 그대로 남아 있었습니다.
며칠이 지났습니다. 그날 아침에도 제일 먼저 홀로 집을
나서던 승주가, 갑자기 돌아서서 엄마 목을 끌어안으며
말했습니다.
"유치원에 가 있으면 엄마가 보고 싶어요."
형아와 함께 유치원에 다닐 때는 들을 수 없던
얘기였습니다. 한동안 승주를 안고 있던 아내가 승주의
눈을 들여다보며 입을 열었습니다.
"사실은 말이야, 승주가 유치원 가 있는 동안 엄마도
승주가 얼마나 보고 싶은지 몰라. 그러니까 우리
지금부터 이렇게 하자꾸나. 승주는 엄마를 마음속에

꼭꼭 넣어서 유치원엘 가고, 엄마는 승주를 마음속에
꼭꼭 넣고 있는 거야. 그래서 승주는 유치원에서 엄말
보고 싶을 때마다 마음속에서 엄말 꺼내 보고, 엄마도
승주가 보고 싶을 때마다 꺼내 보는 거야. 그러면 우리는
따로 있는 것 같지만 실은 늘 같이 있는 셈이고, 또
서로 외롭지도 않을 거야. 그리고 엄만 늘 승주를 위해
기도하고 있다는 걸 잊지 마."

그날 저녁 승주는 유치원에서 돌아오자마자 엄마를 향해
뛰어가며 외쳤습니다.

"엄마, 나 오늘 엄마 열 번 꺼내 봤어요."

그리고 그날 이후로 아침에 홀로 집을 나서는 승주의
발걸음은 한결 가벼워 보였습니다.

어떻습니까? 당신은 마음속에 언제나 뵐 수 있는 주님을
꼭꼭 품고 있습니까?

> 그날에는 내가 아버지 안에, 너희가 내 안에, 내가 너희 안에
> 있는 것을 너희가 알리라 (요 14:20)

"니무라"

지금은 어디에서든 경상도말을 듣지 않는 것이 이상할
정도로 서울 지천에 경상도 사람들이 깔려 있습니다만,
제가 고등학교 진학을 위해 상경했던 1964년까지만 해도
서울엔 경상도 사람들이 흔치 않았습니다. 우리 학급에
경상도 학생은 저 혼자뿐일 정도였습니다. 그러다 보니
제가 말하는 경상도 사투리는 언제나 흥미와 웃음거리가
되었습니다. 하루는 한 친구가 다가와 매우 딱하다는
표정으로 진지하게 말했습니다.
"넌 얼굴은 깨끗하게 생겼는데, 어쩌다가 말은 그런 말을
쓰나?"

그날부터 저는 표준말을 익히기 시작했습니다. 그러나 억양만은 어쩔 수 없었습니다. 경상도 억양으로 표준말을 하는 저를 보고 서울 친구들은 여전히 경상도말 한다며 놀렸고, 고향인 부산에 가면 고향 친구들은 웬 서울말이냐며 핀잔을 주었습니다.

그로부터 벌써 30여 년이 흘렀습니다. 이상스러운 것은, 나이를 먹어 가면서 어릴 적에 쓰던 경상도 사투리와 억양이 저도 몰래 제 말 속에 배어나오기 시작한 것입니다. 더 이상한 것은 그것이, 그간 30년 동안 사용해 오던 어설픈 '서울말'보다 훨씬 편하고 익숙하며 친근하게 느껴진다는 사실입니다. 그래서 요즈음은 집에 들어가기만 하면, 완전한 서울말을 사용하는 아이들과 이야기할 때에도 편한 경상도말을 사용할 때가 더 많습니다.

그날 저녁, 저는 식사 후 거실 소파에 앉아 신문을 읽고 있었습니다. 셋째 승윤이와 막내 승주가 제 등 뒤에서 서로 "니무라", "니무라" 하면서 까르르거리는 소리가 들렸습니다. 아이들이 어디서 일본말을 배워 왔나 싶어 돌아보았더니, 사탕 하나를 들고 서로 상대에게 밀면서

"니무라", "니무라" 하고서는 연신 웃어 대고 있었습니다.
저는 아이들에게 '니무라'가 무슨 말인지 묻지 않을 수
없었습니다. 승윤이가 대답했습니다.

"우린 지금 아빠말 하고 있는 거예요."

제가 무슨 말인지 알아듣지 못하자 승윤이가 다시
말했습니다.

"아빠가 우리에게 뭘 먹어라 하실 때 '니무라'
하시잖아요!"

그제서야 그 말뜻을 알아차렸습니다.

'너 먹어라'라는 말을 부산에서는 '니-무~라'라고
하는데, 아이들이 경상도 억양을 무시하고 말하다 보니
마치 일본말처럼 '니무라'가 되었던 겁니다.

저는 부산에 사시던 제 아버님으로부터 경상도말을
배웠습니다. 제 아이들은 다시 경상도말을 쓰는 저로부터
경상도말을 흉내내고 있습니다. 이것은 너무나 당연한 일
아니겠습니까? 그렇다면 하나님의 자녀 된 당신은 지금
무슨 말을 하고 있습니까? 하나님 아버지의 말입니까?
아니면 세상의 말입니까?

나는 아버지께서 내게 주신 말씀들을 저희에게 주었사오며

저희는 이것을 받고 내가 아버지께로부터 나온 줄을 참으로

아오며 아버지께서 나를 보내신 줄도 믿었사옵나이다

(요 17:8)

사랑의 고백

5월 7일 밤늦은 시각에 귀가했을 때, 아직 자지 않고
있던 둘째 승국이가 말했습니다.

"아빠 베개 밑에 뭘 넣어 두었으니까 지금 말고, 내일
새벽에 보세요."

옷을 벗으려 하자 이번에는 셋째 승윤이가 살며시
다가와 뭔가를 내밀었습니다. '아버지, 감사합니다'란
글귀가 쓰인, 직접 만든 종이꽃 그리고 다음과 같은
내용의 편지였습니다.

부모님께

아빠 엄마, 어버이날을 축하드립니다. 저를 잘 키워
주시느라 힘드시죠? 맛있는 음식을 만들어 주시고 예쁜
옷도 사주셔서 정말 고맙습니다. 제가 커서 훌륭한 사람이
되겠습니다. 아빠 엄마, 건강하세요.
　　사랑하는 아들 이승윤 올림

다음 날인 5월 8일 새벽, 베개 밑을 살펴보니 승국이의
카드가 들어 있었습니다.

아빠!
안녕히 주무셨어요? 여름도 다가오는데 일도 적당히 하세요.
11년 전부터 엄마와 함께 저를 키워 주신 것, 너무 감사해요.
그리고 예전부터 떼를 쓴 것 정말 죄송해요. 그러지 않으려고
했는데, 그것을 말이나 행동으로 옮기기가 힘들었어요.
더욱 잘하도록 노력할게요. 매일 자동차를 몰고 다니시느라
힘드시죠? 앞으로 말도 잘 듣고, 착한 어린이가 될게요.
아빠! 정말 사랑해요.
　　아들 승국 올림

그날 밤도 늦게 귀가했습니다. "아빠다!" 외치는 소리와
함께 네 아이들이 우르르 현관으로 달려나왔습니다.
그리고 막내 승주가 유치원에서 정성스럽게 만든 꽃을
내밀었습니다. 그 꽃의 리본 위에는, 아직 글을 쓸 줄
모르기에 유치원 선생님이 써준 것을 보고 그렸음이
분명한 승주의 글이 있었습니다.

아빠, 사랑해요.

세 아이들과는 달리 첫째 승훈이는 현관에서 인사만 할
뿐, 슬그머니 자기 방으로 들어가 버리고 말았습니다.
도대체 어버이날에 대해서는 관심도 없는 것 같았습니다.
학교에서 무슨 언짢은 일이라도 있었나 보다 생각하며
옷장 문을 열자, 그 속에는 예쁜 꽃 한 송이와 카드가
저를 기다리고 있었습니다. 바로 승훈이의 것이었습니다.

부모님께서 저희들에게 늘 베풀어 주시는 것처럼, 저희들도
부모님을 모실 수 있는 날이 속히 올 수 있도록 최선을
다하는 아들들이 되겠습니다.

아빠 엄마의 장남 이승훈 드림

카드를 읽은 뒤 승훈이에게 가려고 돌아섰을 때, 이미
승훈이는 뒤에서 저를 기다리고 있었습니다. 우리는
말없이 꼭 껴안았습니다. 그 순간 나머지 세 아이들이
순식간에 돌진해 오는 바람에 우리는 모두 한 덩어리가
되었습니다.

가족끼리 서로 사랑을 고백한다는 것은, 정말 아름다운
일입니다. 하나님과 주고받는 사랑의 고백은 더욱
황홀합니다.

나의 힘이 되신 여호와여 내가 주를 사랑하나이다(시 18:1)

승훈이의 봉사

동생이 형에게 무엇이든 조르는 것이 일반적인
모습입니다. 그러나 언제부턴가 정반대의 광경이
벌어지기 시작했습니다. 첫째 승훈이가 동생 승국이에게
야구를 하자고 조르면, 승국이는 계속 거절하는
것이었습니다.

그날 집에 도착했을 때는 사방이 어둑어둑한데도
승훈이와 승국이가 마당에서 야구를 하고 있었습니다.
승국이는 하기 싫은 것을 억지로 하는 표정이 역력했고,
그러다 보니 승훈이 역시 즐거운 표정일 수 없었습니다.
잠시 둘이서 공받기 하는 모습을 살펴본 저는, 왜

승국이가 형아와 야구하기를 그토록 싫어하는지 그
이유를 금방 알 수 있었습니다.

마침 휴일이 돌아왔습니다. 제가 승훈이에게 아빠와
야구하지 않겠느냐고 묻자, 승훈이는 환한 웃음을
지으며 글러브를 들고 마당으로 앞장서 나갔습니다.
30여 분 동안 공받기를 하는 동안 승훈이의 얼굴은
내내 행복한 표정이었습니다. 마침내 승훈이와 저는
마당 문턱에 앉아 땀을 닦으며 다음과 같은 대화를
나누었습니다.

"아빠와 승국이 중에서 누구하고 야구하는 게 더
재미있니?"

"아빠요."

"왜 아빠하고 야구하면 승국이와 할 때보다 더
재미있을까?"

"아빠가 승국이보다 더 잘하니까요."

"아빠가 승국이보다 야굴 더 잘한다는 것을 어떻게
알았니?"

"……첫째는요. 제가 아무리 세게 던져도 아빠는 잘 받아
주세요. 그리고, 그다음에는요, 아빠가 던지실 때는 제가

받기 쉽도록 살살 던져 주세요."

"야구란 힘껏 던질 수 있고 잘 받을 수만 있으면 재미있는
운동이다 그렇지?"

"네."

"만약 말이다, 아빠가 승훈이와 야구를 하면서 아빠
힘대로 던지기만 한다면, 승훈이는 아빠와 야구하는 게
재미있겠니?"

"아니요."

"승국이도 야구를 좋아하잖니. 그런데 왜 유독 승훈이
너와 야구하는 건 재미없어 하겠니?"

"……이제 알았어요."

"그러면 앞으로는 어떻게 할래?"

"승국이한테는 힘껏 던지라 하고, 전 살살 던질게요."

"아주 좋은 생각이다. 동생하고 놀 때는 무엇을 하든
봉사하는 마음으로 해주려무나. 그러면 승국이가 늘
너에게 야구하자고 조르게 될 거야. 그리고 언젠가
승국이가 너만큼 힘이 세지면 너도 마음껏 던질 수 있는
거야."

그날 오후부터 승국이는 승훈이의 멋진 야구 파트너가

되었습니다. 봉사는 거창한 데 있지 않습니다. 타인을
즐겁게 해주는 것─봉사는 거기서부터 시작됩니다.
그리고 그것은 자기의 기쁨으로 되돌아옵니다.

> 너희 중에 누구든지 크고자 하는 자는 너희를 섬기는 자가
> 되고 너희 중에 누구든지 으뜸이 되고자 하는 자는 너희
> 종이 되어야 하리라 (마 20:26-27)

승주와 이발사

제가 살고 있는 합정동에는 저를 존경한다는 분이
있습니다. 집 앞 사우나탕 이발사인데, 그분이 저를
존경한다는 이유가 재밌습니다.

저는 한 달에 한 번씩 아이들과 그 사우나탕에 가서
이발도 하고 사우나도 합니다. 제가 이발하는 동안에는
아이들은 욕실 안에서 놀곤 합니다. 작년에 새로 온
이발사가 저를 처음 만나던 날 제게 던진 첫 질문은,
네 아이들이 모두 제 아들들이냐는 것이었습니다.
알고 보니 아들 갖기를 열망했었다는 그분은 두 딸만
두고 있었습니다. 그분은 저를 보고 용기를 얻었다고

했습니다. 그래서 세 번째 아이를 갖고픈데, 마흔한 살인
자신을 주위 사람들이 주책이라고 욕하지 않겠느냐고
물었습니다. 저는 마흔세 살에 막내아이를 얻었음을
밝히면서 그런 걱정은 기우라고 말해 주었습니다.

몇 달 전이었습니다. 그날따라 이발하려는 사람이 많아,
근 한 시간이나 기다려서야 제 차례가 되었습니다. 한참
머리를 깎고 있는 중인데 갑자기 등 뒤에서 '쿵' 하는
소리와 함께 어린아이의 울음소리가 터졌습니다. 그 즉시
막내 승주의 울음소리임을 알았습니다. 한 시간이나
욕실 안에서 기다려도 아빠가 오지 않자, 욕실 문을
열고 저를 찾아 뛰어나오다가 그만 물에 미끄러져 뒤로
넘어지면서 마룻바닥에 뒤통수를 찧은 것이었습니다.
저는 머리카락투성이인 가운을 뒤집어쓴 채 일어날 수도
없고, 또 제 경험상 승주의 울음소리가 심각한 정도는
아니었기에 그냥 이발의자에 앉아 있었습니다. 한데
이발사가 갑자기 가위와 빗을 내리더니 "우황청심환,
우황청심환! 응급실, 응급실!" 하고 소리쳤습니다.
저는 그 말이 무슨 의미인지, 누구에게 하는 말인지
알 수 없어 이발사 얼굴을 쳐다보았습니다. 그리고

그제야 그분이 저를 향해 소리치는 것임을 알았습니다.
빨리 승주에게 우황청심환을 먹이고 병원 응급실로
데려가라는 것이었습니다.
제가 이발사에게, 이제 곧 승주가 일어나 제게 올 테니
아무 염려 말고 계속 머리를 깎아 달라고 했습니다.
이발사는 무슨 큰일 날 소리를 하느냐며 저를
나무랐습니다. 그러는 사이에 승주가 혼자 일어나 제
옆으로 왔습니다. 그 광경에 이발사는 놀란 입을 다물지
못했습니다. 승주가 뒤통수를 만지면서 혹이 났다고
했습니다. 가운 밑으로 손을 내밀어 승주의 뒤통수를
만져 보니 정말 밤알만 한 혹이 잡혔습니다. 제가 승주의
눈물을 닦고 머리를 쓰다듬어 주며 말했습니다.
"승주, 용감하게 참을 수 있지?"
승주는 여전히 눈물을 흘리면서도 고개를 끄덕였습니다.
그때 첫째 승훈이가 승주를 찾으러 욕실에서
나왔습니다. 제가 승주에게 다시 말했습니다.
"승주야, 형아와 욕실로 되돌아가 놀고 있거라. 아빠 머리
다 깎으면 널 부르러 갈게."
승주는 손으로 눈물을 훔치며 형 손을 잡고 다시 욕실

안으로 들어갔습니다. 그 모습을 죽 지켜본 이발사가
새삼스럽게 물었습니다.

"정말 병원에 데려가지 않아도 괜찮습니까?"

"괜찮습니다. 염려 마세요."

"평소에도 아이가 저렇게 넘어져 머리를 찧어도 혼자
일어나서 겁니까?"

"그렇습니다."

그러자 이발사가 마치 고해성사하듯 말했습니다.

"제 딸아이들이 저렇게 넘어져 머리를 찧으면, 반드시
우황청심환을 먹이고 병원 응급실에 가서 주사를 맞아야
정신이 돌아오곤 합니다. 사내아이는 역시 다르군요."

이발사는 제게 한 번 더 확인했습니다.

"병원에 데려가지 않아도 정말 괜찮겠습니까?"

다시 괜찮다고 대답했지만 이발사는 그래도 미심쩍은
표정이었습니다. 그분은 욕실의 문을 열고, 승주가
아무 일도 없었다는 듯 형아들과 놀고 있는 모습을 자기
눈으로 직접 확인했습니다. 그리고 제 곁으로 다가오더니
꾸벅 절을 하면서 말했습니다.

"정말 존경합니다."

뒤통수를 찧은 승주 덕분에 뜻하지 않게 이발사로부터 존경받는 사람이 되었습니다. 그다음부터 제가 네 명의 아이를 데리고 사우나탕에 나타나기만 하면 그분은 저를 깍듯하게 맞아 줍니다.

그날 밤 그 이발사가 미끄러져 뒤통수를 찧은 승주를 보고 '우황청심환' '응급실' 하고 소리치며 난리를 피운 것도, 제게 절을 하며 존경한다고 말한 것도, 그분이 그동안 사내아이들의 세계를 전혀 알지 못했기 때문입니다. 이를테면 그분은 두 딸과 살아온 자기 세계에 갇혀, 자신이 경험한 자기 세계가 모두라고 잘못 생각하고 있었던 것입니다.

당신은 어떻습니까? 천지를 창조하신 하나님을 믿는다면서도 우물보다 더 좁은 자기 세계에 갇혀, 조그만 일에도 우왕좌왕 난리법석을 피우며 전혀 엉뚱한 사람을 존경하고 있는 것은 아닙니까? 믿음은 스스로 갇혀 있던 자기 우물에서 벗어나는 것이요, 믿음의 성숙은 광활한 진리의 세계로 향한 자기 확장입니다.

오직 우리 주 곧 구주 예수 그리스도의 은혜와 그를 아는

지식에서 자라 가라 영광이 이제와 영원한 날까지 그에게

있을지어다(벧후 3:18)

멀고도 험한 길

여름방학을 맞이하여 첫째 승훈이가 몇 주간 예정으로
캠프를 떠났습니다. 막상 출발일이 가까워지자, 캠프를
떠나는 승훈이보다 둘째 승국이가 더욱 기뻐했습니다.
까닭인즉, 형아가 없는 동안 자기가 제일 큰형아 노릇을
할 수 있다는 기대감 때문이었습니다.
"나는 왜 하필이면 둘째로 태어났을까?"
가끔 이렇게 투덜거리던 승국이로서는 당연히 가질 수
있음직한 기대였습니다.
마침내 승훈이가 출발하고 나자, 승국이는 셋째
승윤이와 막내 승주 들으라는 듯 큰 소리로 말했습니다.

"아빠 엄마! 형아 올 때까진, 이제부터 제가 제일
큰형아지요?"

아내가 그 말을 받았습니다.

"그래! 그러나 큰형아는 큰형아의 책임과 의무를 다할 때
큰형아가 된다는 걸 잊지 마."

"네!"

승국이는 자신 있다는 듯 대답했습니다.

그리고 그날부터 승국이는 제일 큰 형아 노릇을
시작했습니다.

초등학교 1학년 승윤이의 숙제를 도와줍니다.
밤이면 아직 글을 제대로 읽지 못하는 승주에게
동화책을 읽어줍니다. 초등학교 2학년이 되어야 돈을
관리할 수 있다는 '우리집 법'에 따라, 승윤이나 승주가
문방구 혹은 구멍가게에서 무엇을 살 때마다 승국이가
따라가 돈을 치러 주어야 합니다.

평소에는 잠자기 전에 발 씻기를 가장 싫어하는
승국이지만, 그러나 동생들 앞에서 제일 먼저 씻는 본을
보여야 합니다.

아침에 동생들보다 늦게 일어날 수도 없습니다.

집 안에서 궂은 심부름은 도맡아 해야 합니다.
행여 동생들과 도를 지나칠 정도로 싸우기라도 하면
'제일 큰형아'인 승국이가 꾸지람을 들어야 합니다.
마침내 사흘째가 되던 밤, 바닥에 떨어진 물을 닦기
위해 걸레를 가지러 가던 승국이의 입에서 이런 탄식이
터졌습니다.

"아, 큰형아의 길은 멀고도 험한 길이구나!"

승국이의 걸레질이 끝났을 때 제가 물었습니다.

"계속 큰형아 되는 게 좋겠니? 아니면 둘째 형아 그대로
있는 게 좋겠니?"

승국이는 주저 없이 대답했습니다.

"둘째 형아요."

남의 신을 신고 십 리를 가보지 않고서는 진정으로 그
사람을 알 수 없다는 말이 있습니다. 우리는 늘 예수
그리스도의 십자가에 대해 말하지만 우리 자신이 정작
십자가를 져보지 않고서는, 주님께서 지셨던 십자가의
고통과 부활의 기쁨을 제대로 이해할 수 없습니다.
당신은 지금 당신이 져야 할 십자가가 무엇인지 알고
계시기나 합니까?

아무든지 나를 따라 오려거든 자기를 부인하고 자기

십자가를 지고 나를 좇을 것이니라(마 16:24)

"이빨 썩잖아요"

제가 서재에서 설교를 준비하는 수요일이나 토요일엔,
첫째 승훈이나 둘째 승국이는 3층 서재 근처에 얼씬도
하지 않습니다. 아빠가 지금 무슨 일을 하고 있으며,
또 그 일이 얼마나 중요한지를 이미 잘 알고 있는
까닭입니다.

그러나 셋째 승윤이와 막내 승주는 틈만 있으면 올라와
문을 연 다음, 한번 씩— 웃고 내려가곤 합니다. 그러다
보니 때론 승윤이와 승주가 기다려지기도 하고, 그때마다
때를 맞추어 나타나는 아이들이 반갑기 그지없기도
합니다.

언제부터인가 저는 제 서재의 서랍 속에 사탕을 준비해 두기 시작했습니다. 저를 보겠다며 3층까지 올라온 아이들을 그냥 돌려보내기가 서운해서였습니다.

그 후로부터 아이들의 서재 출입이 더 잦아졌음은 물론입니다. 저를 찾아온 아이들은 어김없이 사탕을 받아들고, 제게 뽀뽀를 한 다음 내려갑니다. 어떤 때에는 하루에 세 번씩 올라오기도 했습니다.

막내 승주가 유치원에서 1박 2일 일정으로 캠프를 떠났습니다. 참 이상한 것은, 아이들이 네 명이나 있기에 한 명쯤 빠져도 표가 나지 않을 것 같은데, 실제는 그렇지 않다는 것입니다. 한 명만 빠져도 집이 얼마나 허전하고 적막하지 모릅니다. 그때마다 한 존재의 무게를 다시금 생각해 보곤 합니다.

그날 밤도 역시 마찬가지였습니다. 승주 없이 나머지 세 아이들은 여전히 시끌벅적했지만, 집은 텅 빈 것처럼 여겨지기만 했습니다.

아내와 저는 허전한 마음을 달래며 그날 밤을 지냈습니다.

다음 날은 마침 토요일이어서 저는 아침부터 서재에

있었습니다. 오후 2시경이 되었을 때 인터폰이
울렸습니다. 받아 보니, 기다리던 승주의 반가운 음성이
들렸습니다.

"아빠, 캠프 잘 다녀왔습니다."

"그래, 재미있었니?"

"네."

"승주 보고 싶으니까, 이리로 올라와 봐."

"지금은 싫어요."

"올라오면 아빠가 사탕 줄 텐데?"

"사탕 먹으면 안 돼요."

"왜?"

"사탕 먹으면 이빨 썩잖아요!"

전혀 예기치 않았던 승주의 대답이었습니다. 나중에
안 일이지만, 승주는 정말 자기 치아를 생각해서 그런
말을 한 것이 아니었습니다. 그 전화를 하던 순간 승주의
주머니 속에는 캠프에서 받았던 사탕이 가득 들어
있었기에, 구태여 3층까지 아빠를 찾아올 필요가 없었던
겁니다.

승주의 그 모습이 혹, 우리 주머니가 가득 차 있으면

적당한 변명으로 아버지를 외면하는 우리 자신의 모습은 아닙니까?

> 너로 배불리 먹게 하실 때에 너는 조심하여 너를 애굽 땅 종 되었던 집에서 인도하여 내신 여호와를 잊지 말고
>
> (신 6:11하–12)

큰 자유와 작은 자유

저희 부부는 아이들이 스스로 해야 할 일을 다 하는
한, 가고 싶어 하는 곳이나 하기 원하는 것은 무엇이든
허락하는 것을 원칙으로 삼고 있습니다. 그러다 보니
초등학교 6학년인 첫째 승훈이와 4학년인 둘째 승국이는
대중교통을 이용하여 혼자 어디든 다녀옵니다. 지하철을
이용하여 인천 야구장에도 가고, 방학이면 혼자
외국에도 다녀옵니다. 또 저희 부부는 아이들과 함께
노래방에 가기도 합니다.

얼마 전 저녁식사 시간이었습니다. 유난히 자세가
흐트러진 승훈이에게 바른 자세로 식사하도록 주의를

주었습니다. 그러자 잠시 무엇을 생각하는 듯하던
승훈이가 말했습니다.

"아빠 참 이상해요."

무엇이 이상하냐는 제 물음에 승훈이가 대답했습니다.

"아빠 우리에게 큰 자유를 허락하시면서도 작은 자유는
주시지 않잖아요. 친구들 아빠와는 정반대예요."

승훈이가 언급한 '큰 자유'는 무엇이든 자신이 하고 싶어
하는 것을 허락해 주는 것을, 그리고 허락되지 않은 '작은
자유'는 평소 바르지 못한 언행이나 흐트러진 마음 등을
금하는 것을 의미했습니다. 저는 승훈이에게 그 이유를
이렇게 설명해 주었습니다.

"아빠 엄마가 너희들에게 큰 자유를 허락하는 것은,
그것이 너희들의 세계와 관련되어 있기 때문이야. 사람은
어떤 경우에도 우물 안 개구리가 되어서는 안 돼. 아빠와
엄마는 법적으로나 신앙적으로 어긋나는 일이 아니라면
앞으로도 너희들의 세계와 시야를 넓혀 주기 위해 큰
자유를 허락해 줄 거야. 그러나 네가 말한 작은 자유는
원칙과 관련된 거야. 원칙에 충실하지 않으면 큰 자유는
무서운 방종이 되고 만단다. 그래서 큰 자유가 참된

자유가 되기 위해서는, 작은 자유는 언제나 제한받아야
하는 거야."

우리에게 인생이란 큰 자유를 주신 하나님께서, 왜
당신의 말씀을 적당히 대하려는 우리의 작은 자유는
허락하시지 않는 것입니까? 하나님께서 우리에게
자유의지란 큰 자유를 주셨으면서도, 왜 당신의 말씀을
주야로 묵상하도록 우리의 작은 자유를 제한하시는
겁니까? 우리가 악에 빠지지 않도록 하나님께서 우리를
거룩하게 보전해 주시기 위함입니다. 우리의 인생을
소돔과 고모라의 방종과 파멸 속에 방치해 두시지 않고,
영원한 생명으로 영원히 세워 주시기 위함입니다. 우리로
하여금 진리 안에서 허망한 욕망으로부터 자유하는,
참된 자유인으로 살게 해주시기 위함입니다. 자유인이
노예로 사는 것보다 더 큰 비극과 불행은 없습니다.

너희가 내 말에 거하면 참으로 내 제자가 되고 진리를 알지니

진리가 너희를 자유롭게 하리라(요 8:31하-32)

승훈이의 옷

수개월에 걸친 연습 끝에 4학년인 둘째 승국이 반이
연극발표회를 하는 날은, 6학년들의 운동회가 열린
날이기도 했습니다. 그날따라 유난히 일찍 등교한
승국이는 연거푸 세 번이나 전화를 했습니다. 연극
시간에 늦지 않게 빨리 오라 채근하기 위함이었습니다.
6학년 학생들이 소리 지르며 뛰고 있는 운동장을
가로질러, 먼저 강당으로 향했습니다. 전화를 통한
승국이의 성화가 있었기에, 아내와 저 역시 혹시 늦지나
않을까 마음이 조급해 있었습니다. 그러나 우리는
그곳에서 30분이 더 지나서야 승국이 반의 공연을 볼 수

있었습니다.

승국이가 주연에다 연출까지 맡았다는 연극은, 적어도
우리 부부에게만큼은 무척 흥미로웠습니다. 공연이
끝날 때까지 제 카메라의 초점을 승국이에게 맞추고
있으면서도, 또 한편으로 제 신경은 창 밖 너머 운동장
쪽으로도 향해 있었습니다. 그곳의 운동회에 참가 중인
첫째 승훈이의 모습도 찍어 주어야 했기 때문입니다.
이윽고 승국이 반의 공연이 끝나 운동장으로 나갔을
때, 운동회의 하이라이트라 할 수 있는 릴레이 경기가 막
시작되려 하고 있었습니다.

자기 반 선수로 출전한 승훈이는 출발선에 대기 중인
대열 뒤쪽에 서 있었습니다. 저는 승훈이가 입고 있던,
파란 줄과 하얀 줄이 가로로 그어져 있는 긴팔 윗도리를
생각하면서, 렌즈 안에 그 옷이 잡히면 멋지게 찍어
주리라, 결승 지점에서 단단히 벼르고 있었습니다.

하지만 승훈이의 옷은 좀처럼 렌즈 속에 나타나지
않았습니다.

저는 더욱더 시선을 렌즈 속에 집중하여 그 옷을
기다리고 있었습니다. 그런데 갑자기 아내의 목소리가

들렸습니다.

"승훈이, 정말 잘 뛰죠?"

"아니, 승훈이가 언제 뛰었단 말이요?"

알고 보니 승훈이는 그 긴팔 윗옷을 벗고 뛰었던
것입니다.

혼신의 힘을 다해 달리는 승훈이가 긴팔을 위에 걸치고
뛸 리가 없음에도, 그 생각을 하지 못해, 옷에 집착하느라
그만 승훈이를 놓쳐 버렸던 것입니다.

당신은 어떻습니까? 엉뚱한 것에 집착하느라, 지금
하나님을 놓치고 있는 것은 아닙니까?

주의 궁정에서 한 날이 다른 곳에서 천 날보다 나은즉
악인의 장막에 거함보다 내 하나님 문지기로 있는 것이
좋사오니(시 84:10)

존재의 신비

저는 아무리 밤늦은 시간에 귀가해도 잠든 네 아이들의
얼굴을 꼭 들여다봅니다. 그리고 한편으로는 하나님께
무한한 감사를 드리면서, 또 한편으로는 말할 수 없는
신비에 젖어들곤 합니다.

만약 제 아내나 제가 다른 사람과 가정을 이루었더라면
그 아이들은 이 땅에 태어날 수조차 없었습니다. 제
가족 중 한 분이 아내와 저의 만남을 주선하지 않고,
당시 아내를 아끼던 주위 사람들이 열이면 열 모두 '저
남자와는 결혼하지 말라'는 만류를 아내가 들었더라도,
사랑하는 네 아이들은 지금 이 세상에 존재하지 않을

것입니다. 따져 보면 따져 볼수록 제 아이들이 이 세상에 태어날 수 있었던 확률보다는, 도리어 태어날 수 없었던 확률이 훨씬 더 컸습니다. 그럼에도 그 네 명의 아이들이 이 세상에 출생하여 저희 부부의 자식들로 실재하고 있다는 것은 얼마나 큰 신비입니까?

신비는 거기에서 그치지 않습니다. 제가 그 아이들의 아빠로 존재할 수 있는 것은 제 아버님과 어머님께서 부부가 되셨기 때문입니다. 그 옛날에도 이 땅 위에는 처녀 총각들이 하늘의 별처럼, 바닷가의 모래처럼 많았습니다. 만약 제 부모님께서 각각 다른 배필을 만나셨더라면 저는 태어날 수 없었을 것이요, 당연한 결과로 제 아이들 역시 존재할 수 없을 것입니다. 제 부모님으로 인해 제 생명이 존재할 수 있었다면 그것은 증조부모님께서 부부 되신 덕분이요, 또 고조부모님들께서 혼인하신 결과이기도 합니다. 이처럼 우리 존재의 근원을 계속 거슬러 올라가면, 우리는 인류 최초의 인간-아담과 하와를 만나게 됩니다. 인류의 시조인 아담과 하와가 없었더라면 오늘날 우리 자신도 없을 수밖에 없습니다. 나아가

우리는 아담과 하와 그 이전까지도 거슬러 올라갈 수
있습니다. 하나님께서 태초에 이 세상을 창조하시고 그
속에 인간을 두시려는 계획을 품지 아니하셨더라면, 또
그 계획을 친히 실행에 옮기지 않으셨더라면, 지금 이
세상에는 그 누구도 존재하지 않을 것입니다. 하나님의
계획과 그에 따른 천지창조, 그리고 아담과 하와에서부터
시작하여 우리 부모님에 이르기까지 헤아리기조차
불가능한 그 장구한 세월 속에서 단 한 세대 한 사건만
어긋났어도, 오늘 우리 각자의 존재는 불가능했을
것입니다.

그러므로 우리의 존재 자체가 곧 신비입니다. 우리는
우리 각자의 계보를 통해 영원 그리고 하나님과
연결된 신비로운 존재입니다. 영성은 이 신비에 대한
통찰력입니다. 이 세상 수많은 사람들 가운데 우리
부모님께서 부부 되신 것은 얼마나 큰 신비입니까?
내가 내 아내 그리고 남편과 한 몸이 된 것은 또 얼마나
신비롭습니까? 우리 자식이 우리의 몸을 통해 이 세상에
우리의 자식으로 태어나 존재하고 있는 것보다 더 큰
신비가 어디에 있겠습니까?

신비는 유별나거나 멀리 있지 않습니다. 지금 당신이 호흡하고 있는 것 자체가 신비입니다. 신비는, 신비를 신비로 아는 사람에게 신비의 너울을 벗습니다.

곧 창세 전에 그리스도 안에서 우리를 택하사 우리로 사랑 안에서 그 앞에 거룩하고 흠이 없게 하시려고 그 기쁘신 뜻대로 우리를 예정하사 예수 그리스도로 말미암아 자기의 아들들이 되게 하셨으니(엡 1:4-5)

승윤이의 울음

지난가을, 2학기가 막 시작되었을 때입니다. 초등학교
1학년인 셋째 승윤이가 학교에서 울면서 돌아왔습니다.
그런데 그 이유가 엉뚱했습니다.

초등학교 1학년은 2학기가 되어야 반장과 부반장을
뽑습니다. 바로 그날은 선거일이었습니다. 승윤이는
첫째 형아와 둘째 형아가 학기 때마다 반장과 부반장을
번갈아 가며 하기에, 후보로 나서기만 하면 으레 뽑히는
것으로 생각하고 있었습니다. 그래서 승윤이는 주저 없이
당당하게 반장 후보로 나섰습니다. 그런데 결과는 보기
좋게 낙선이었습니다. 승윤이가 얻은 표는

단 두 표—자기 표를 제외하면 한 명만이 승윤이를
찍어준 것이었습니다. 말하자면 승윤이는 난생 처음으로
나선 선거에서 고배를 마신 것이었습니다.

그렇다고 해서 낙담할 일은 아니었습니다. 아직 부반장
선거가 남아 있는 까닭이었습니다. 승윤이는 이번만은
당선이 확실하리라 믿고 다시 부반장 후보로 나섰습니다.
개표 결과 득표수는 여덟 표—반장 선거 때보다 무려 네
배나 많은 표를 얻었지만, 낙선이기는 마찬가지였습니다.
승윤이는 그만 그 자리에서 울음을 터뜨리고
말았습니다. 승윤이로서는 도저히 이해할 수 없었던
것입니다. 형아들은 나서기만 하면 뽑히는데 왜 자기는
두 번 다 떨어지는지, 당연히 자기를 찍어 주어야 할 반
친구들이 왜 표를 주지 않는지 도저히 납득할 수 없었던
승윤이는 서러워서 울 수밖에 없었던 것입니다.

겨우 마음을 진정시키고 집으로 돌아왔지만, 대문
앞에 서는 순간 참았던 서러움과 억울함이 다시 북받쳐
울면서 집을 들어섰던 것입니다. 우리가 보기에는
엉뚱한 울음이었지만, 승윤이로서는 대단히 진지한
눈물이었습니다.

사정을 다 알게 된 승훈이와 승국이가 승윤이에게 특별 강의를 시작했습니다.

"반장이나 부반장은 후보로 나서기만 한다고 다 되는 것이 아니야. 반 친구들을 위해 봉사할 줄 아는 아이들이 뽑히는 거야. 형아들이 당선되는 것도 우연이 아니라 친구들에 대한 봉사의 결과인 것이야. 승윤이도 이제부터 친구들을 위해 열심히 봉사를 해봐. 그러면 내년엔 친구들이 꼭 뽑아 줄 거야."

벌써 한 해가 끝나고 있습니다. 지금 한 해를 돌아보면서 무엇 때문에 속상해하고 있습니까? 무엇을 억울해하며 서러워하고 있습니까? 그러나 잊지 마십시오. 그것은 당신이 뿌린 씨의 결과라는 사실을 말입니다.

지금부터라도 뿌려야 할 것을 뿌리십시오. 내년 말엔 반드시 웃으며 한 해를 마감하게 될 것입니다.

스스로 속이지 말라 하나님은 업신여김을 받지 아니하시나니 사람이 무엇으로 심든지 그대로 거두리라

(갈 6:7)

어머니의 신호

1996년 12월 19일 새벽 2시 30분, 이 땅에서 86년을, 그리고 저와 더불어 48년을 함께 사셨던 어머님께서 소천하셨습니다. 말할 수 없이 큰 하나님의 은총 속에서, 세상이 줄 수 없는 주님의 절대적인 평강 속에서, 그리고 많은 사람들의 따뜻한 사랑 속에서, 어머님께서는 그토록 사모하시던 하나님 나라에 입성하신 것입니다. 그처럼 아름답게 이 땅을 떠나시기 27시간 전이었습니다. 이미 의식이 없으신 어머님의 병상에 앉아 어머님의 손을 꼭 잡고서는, 어머님과 함께 살아왔던 지난 48년을 생각나는 대로 말씀드리기 시작했습니다.

─제가 유치원 다닐 때였습니다. 성탄절 날 대표로
인사말을 하게 되어 어머님의 지도로 열심히 연습을
했지요. 그러나 막상 당일에 유치원까지 간 제가
못하겠다며 버티자, 어머님께서 저를 이렇게도 달래
보시고 저렇게도 달래 보셨지만, 그래도 효과가
없어 화장실로 데리고 가서 마구 꼬집으시던 것
생각나십니까? 초등학교 때엔 학교에서 그만 똥을 싼
적이 있지요. 그러고서도 하루 종일 시치미를 떼고
있다가 집에 도착하여 어머님의 얼굴을 뵙는 순간,
그만 울어버렸던 것 기억나시죠? 제가 열다섯 살 때
아버님께서 소천하시자, '이제부턴 네가 이 집 호주다.
호주다운 몸과 마음을 가지거라'고 말씀하신 것도
생각나시죠? 어머님 연세 75세가 되어서야 친손자인
승훈이를 얻으시고는, 너무너무 기뻐 밤낮으로 우시던
것 기억나십니까? …… 이 세상에서 어머님의 자식으로
태어나 어머님의 자식으로 살아왔음은 정말 큰
행복이었습니다.
이야기가 다 끝난 뒤 평소 어머님께서 좋아하시던
찬송가와 성경 구절을 들려드렸습니다. 그러고는

어머님의 귀에 제 입을 가져다 대고 이렇게
속삭였습니다.

"어머님, 제가 이제껏 말씀드린 것 다 알아들으셨으면,
지금 어머님의 엄지손가락으로 제 손등을 두 번만 눌러
보세요."

전혀 기대하고 드린 말씀이 아니었습니다. 그런데
놀랍게도, 제 말이 끝나자마자 어머님의 엄지손가락은
정확하게 제 손등을 두 번 눌렀습니다. 의식이 없으셔서
움직이지조차 않던 그 엄지손가락이 말입니다.

앞으로 제 기억력이 살아 있는 한, 어머님의 그 두 번의
신호를 저는 잊지 못할 것입니다. 그것은 어머님께서 이
세상에서 제게 보내신 마지막, 그러나 영원한 생명의
신호, 사랑의 신호였던 것입니다. 그리고 저도 이 세상을
떠날 때 제 자식들에게 그 신호를 남길 것입니다. 그
신호로만 이 세상을 정녕 아름답게 살아갈 수 있기
때문입니다.

전제와 같이 내가 벌써 부어지고 나의 떠날 시각이
가까웠도다 나는 선한 싸움을 싸우고 나의 달려갈 길을

마치고 믿음을 지켰으니 이제 후로는 나를 위하여 의의

면류관이 예비되었으므로 주 곧 의로우신 재판장이 그 날에

내게 주실 것이며 내게만 아니라 주의 나타나심을 사모하는

모든 자에게도니라(딤후 4:6-8)

'스타킹'

저녁을 먹으면서 둘째 승국이가 수수께끼를 냈습니다.
어떤 사람이 신통한 도술을 행하는 도사를 만나 이런
부탁을 했습니다.

"도사님, 이제껏 저는 늘 엑스트라 아니면 졸개로 살아
왔습니다. 저를 위대한 스타인 동시에 왕의 자리에 앉게
해주시지 않겠습니까?"

도사가 그 사람의 간청을 즉석에서 들어주었는데, 과연
그 사람이 무엇이 되었겠느냐는 것이었습니다.

저는 여태껏 아이들의 수수께끼에 답을 맞혀 본 적이
없었기에, 그날도 승국이에게 답을 물었습니다. 답은

아주 간단했습니다. '스타킹'이었습니다. 그 사람이
원했던 대로 스타star와 킹king이 동시에 된 것이었습니다.
그 소리에 식사하던 온 식구가 웃었습니다. 그런데
박장대소하는 제 마음속에 이런 생각이 들었습니다.
'맞다 맞아. 넘볼 수 없는 자리를 넘보거나 차지하면,
되는 것 같아도 실은 아무것도 안 된다.'
60년대에 이런 노래가 유행한 적이 있었습니다.

빙글빙글 도는 의자
회전의자에
주인이 따로 있나
앉으면 주인이지

자고 일어나면, 자격도 갖추지 못한 사람들이 낙하산을
타고 내려와 아무 자리나 마구 차지하던 당시의 세태를
풍자하고 비판하는 노래였습니다.
그런데 어떻습니까? 어느 자리든 아무나 앉기만 하면,
정말 그 사람이 그 자리의 주인이 됩니까? 자리에 앉아
있는 동안 주인이라 불릴 수는 있습니다. 그러나 자리에

걸맞은 능력과 자격을 갖추지 못한 사람일 경우에, 오히려 그 자리 때문에 패가망신하고 주위 사람마저 파멸하는 것을 그동안 우리가 얼마나 자주 목격해 왔습니까?

지혜는 자신이 앉을 자리와 앉아서는 안 될 자리를 가리는 것입니다. 반대로 어리석음은 앉아서는 안 될 자리를 탐하고 차지하는 것입니다. 아담과 하와는 사탄의 유혹에 빠져 앉아서는 안 될 하나님의 자리에 오르려다 생명과 낙원을 동시에 잃고 말았습니다. 유다왕국의 시드기야도 마찬가지입니다. 그는 왕의 자리에 앉을 만한 인물이 아니었습니다. 그러나 왕좌를 탐하고 차지했을 때 그 자신만 몰락한 것이 아니라 그의 왕국과 더불어 사랑하는 자식들마저 파멸하고 말았습니다.

> 그들이 왕(시드기야)을 사로잡아 그를 립나에 있는 바벨론 왕에게로 끌고 가매 그들이 그를 심문하니라 그들이 시드기야의 아들들을 그의 눈앞에서 죽이고 시드기야의 두 눈을 빼고 놋 사슬로 그를 결박하여 바벨론으로 끌고 갔더라 (왕하 25:6-7)

"우리 집"

셋째 승윤이가 친구들을 데리고 와서 놀면서 '집 자랑'을
했습니다. 그날 저녁 첫째 승훈이가 그런 자랑은 하는 게
아니라고 승윤이를 점잖게 타일렀습니다. 승윤이는 우리
집 자랑하는 게 뭐 나쁘냐며 형의 말을 듣지 않았습니다.
제가 쓴 《믿음의 글들, 나의 고백》을 끝까지 읽어 사정을
다 알고 있는 승훈이가 마침내 이 집은 우리 집이 아니라
고모네 집이므로 이제부터 그런 자랑을 해서는 안
된다고 못을 박았습니다. 그 말을 들은 승윤이가 펄쩍
뛰었습니다. 그럴 리가 없다는 뜻이었습니다. 그리고
승윤이는 저를 향해 뛰어오면서 소리쳤습니다.

"아빠! 이 집이 우리 집이에요, 고모네 집이에요?"
그것은 몰라서 묻는 질문이 아니라 우리 집임을
확인하려는 반문이었습니다. "고모네 집"이란 저의
대답을 들은 승윤이는 너무 놀라 제 말을 믿으려 하지
않았습니다. 그 모습을 본 아내가 이렇게 말했습니다.
"얘, 이 세상에 본래 우리 것이라고는 아무것도 없단다.
사람들은 모두 하나님의 것을 빌려 쓰고 있는 거야. 이걸
알아야 행복한 사람이 될 수 있는 거란다."
며칠이 지나 토요일이 되었습니다. 위의 세 아이들은
학교에 가고 토요일이면 유치원을 쉬는 막내 승주만 남아
있었습니다. 제가 설교 준비를 위해 서재로 올라가려
하자 승주가 가만히 다가오더니 제 품에 안겼습니다.
그리고는 저의 귀에 대고 이렇게 속삭이는 것이었습니다.
"아빠~! 이 집이 우리 집이 아니고 정말 고모네
집이에요?"
며칠 전에 들었던 이야기를 승주는 가슴속에 꼭꼭 묻어
두고 있었던 겁니다. 저는 승주의 얼굴을 보았습니다.
그 아이가 태어난 이래로 그토록 진지한 표정은
처음이었습니다. 승주가 난생 처음 진지한 질문을 했으니

아빠인 저도 진지하게 대답을 해주어야만 했습니다. 저는
승주의 눈을 들여다보면서 왜 우리에게는 우리 집이
없는지, 왜 우리는 고모네 집에 사는지, 왜 아빠는 우리
집을 소유하려 하지 않는지를 성의껏 설명해 주었습니다.
그리고 이렇게 결론을 맺었습니다.

"만약 이다음에 승주가 돈을 많이 벌어 네 이름으로
집을 산다고 해도 그건 '너의 것'이 아니야. 우리는
모두 하나님 앞에서 청지기일 뿐이야. 아빠는 아빠의
아들들이 하루라도 빨리 이 사실을 깨닫기를 하나님께
기도드린단다. 왠지 아니? 그때에만 사람들은 정말 서로
사랑하면서 진리 안에서 기쁨으로 바르게 살 수 있기
때문이야. 우리는 죽은 뒤 모두 하나님의 심판대 앞에
서야 한다는 사실을 승주는 절대로 잊어선 안 돼."

> 너희를 위하여 보물을 땅에 쌓아 두지 말라 거기는 좀과
> 동록이 해하며 도둑이 구멍을 뚫고 도둑질하느니라 오직
> 너희를 위하여 보물을 하늘에 쌓아 두라 거기는 좀이나
> 동록이 해하지 못하며 도둑이 구멍을 뚫지도 못하고
> 도둑질도 못하느니라(마 6:19-20)

04

목사님
맞아요?

한계령을 넘는 기쁨

모처럼 시간을 내어 아내와 함께 가수 양희은 씨
콘서트를 보러 갔습니다. 콘서트의 제목은 묘하게도
'우리는 한계령을 넘는다'였습니다. 중년을 넘어가고 있는
가수 자신의 나이를 한계령으로 표현한 것 같았습니다.
그래서 그런지 공연장 안은 온통 중년 일색이었습니다.
공연이 끝난 뒤 아내와 함께 정동 골목을 걸으면서,
우리는 다음과 같은 소감을 공통적으로 느끼고
있었습니다.
'양희은 씨는 정직하게, 그리고 당당하게 나이를 먹고
있다.'

그래서 그날의 콘서트는 감동과 훈훈함과 푸근함이
넉넉하게 어우러져 있었습니다.

사람들은 늙기를 두려워합니다. 늙었다는 소리를
듣기조차도 싫어합니다. 가능한 한 젊어 보이기 위하여
무던히도 애를 씁니다. 그러나 늙음이야말로 여호와께서
인간을 위해 예비하신 멋진 선물입니다.

히브리어로 '늙다'는 '턱수염'이라는 말에서
파생되었습니다. 히브리인들은 턱수염을 고상함과
품위와 권위의 상징으로 생각했습니다. 늙지 않으면
인생의 고상함도, 삶의 품위도, 인간의 권위도 있을 수
없다고 인식한 것입니다.

확실히 그렇습니다. 늙은 사람들에게는 젊은이들이
도저히 흉내조차 낼 수 없는 무수한 장점들이 있습니다.
나이가 들지 않으면 지혜의 우물에 지혜의 물이 고이지
않습니다. 나이가 들지 않으면 너그러움의 마당이
확장되지 못합니다. 나이가 들지 않으면 경륜의 나무는
키가 자라지 않습니다. 나이가 들어야만 삶의 의미와
가치를 바르게 터득할 수 있습니다. 나이가 들어야만
삶의 열매를 거둘 수가 있습니다. 나이가 들어야만

신앙의 뿌리가 견고해집니다.

사람이 늙어 간다는 것은 결코 수치스러운 일이 아닙니다. 오히려 그리스도 밖에서 나이를 거꾸로 먹으려는 것이야말로 인생을 알지 못하는 자의 유치한 치기일 뿐입니다. 그리스도 안에서 늙어 가는 것은 크나큰 자랑입니다. 그것은 우리의 삶이 예수 그리스도 안에서 완성되어 감을 뜻하기 때문입니다.

그래서 우리는 모두 한계령을 넘어야 합니다. 한계령을 넘어야만 신비로운 설악의 풍경을 비로소 접할 수 있습니다.

백발은 영화의 면류관이라 의로운 길에서 얻으리라 (잠 16:31)

승윤이의 계산법

초등학교 2학년인 셋째 승윤이가 수학 문제를 풉니다.
문제는 간단했습니다. 집으로 놀러 온 친구 세 명에게
사탕 열두 개를 나누어 주면, 한 사람당 몇 개씩
돌아가느냐는 물음이었습니다. 12 나누기 3 하면, 답은
네 개씩이 됩니다. 그러나 승윤이는 세 개씩이라고 답을
썼습니다. 나눗셈을 모르는 것이 아니라, 알고 있음에도
그렇게 답을 한 것이었습니다. 아내가 왜 세 개씩이냐고
묻자 승윤이는 당연하다는 듯이 대답했습니다.
"저도 있으니까요."
즉 우리 집에 친구 세 명이 놀러왔다면 자기까지 총

네 명이니까 12 나누기 4 하면 한 사람당 세 개씩 가지게 된다는 것이었습니다. 승윤이의 논리로는 맞을 수 있지만, 그러나 그것은 결코 주어진 문제의 정답이 아니었습니다.

세상의 계산법은 언제나 나를 포함시키는 것입니다. 아니, 나를 중심으로 삼는 것입니다. 그래서 세상의 계산법으로는 다툼이 종식되지 않습니다. 정치·경제· 사회 모든 면에 걸쳐 야기되고 있는 분쟁을 가만히 들여다보십시오. 그 속에는 예외 없이 '승윤이의 계산법' 이 있습니다.

예수님께서 생명과 부활의 주시요 평강의 왕이신 것은, '예수님의 계산법'에는 당신 자신이 빠져 있기 때문입니다. 요한복음 19장 30절은 예수님의 최후를 이렇게 증거하고 있습니다.

"예수께서 신 포도주를 받으신 후 가라사대 다 이루었다 하시고 머리를 숙이시고 영혼이 돌아가시니라."

여기에서 '돌아가시다'라는 뜻의 동사 'paradidomi'는 '포기한다give up'는 의미입니다. 이것은 우리에게 중요한 사실을 일깨워 주고 있습니다. 예수님께서 십자가에 못박혀 돌아가신 것은 결과일 뿐이요, 예수님께서는 이미 그 이전에 당신 자신을 전 인류에게 나누어 주시기 위하여 당신 자신을 이미 포기하셨던 것입니다. 주님의 '당신 자신을 포기하심'이 없었던들 십자가는 단순한 나무토막일 뿐, 우리가 그 앞에서 영원한 부활의 생명과 평강을 얻을 수는 없을 것입니다.

당신의 계산법은 예수님 방법입니까? 아니면 승윤이 방식입니까? 그 해답을 스스로 확인할 수 있는 아주 간단한 방법이 있습니다. 당신이 지금 누군가와 다툼과 분쟁의 와중에 휩쓸려 있느냐의 여부가, 당신이 그동안 어떤 계산법을 추구해 왔는지를 밝혀 주는 해답입니다.

> 인자가 온 것은 섬김을 받으려 함이 아니라 도리어 섬기려 하고 자기 목숨을 많은 사람의 대속물로 주려 함이니라
>
> (마 20:28)

"목사님 맞아요?"

네 아이들의 아빠로서 저는 가능한 한 아이들의 세계를
축소하거나 제한하는 어리석음을 범치 않고자 애를
씁니다. 바꾸어 말해 아이들을 저 자신의 세계 속으로
가두어 들이기보다는, 제가 아이들 속으로 뛰어들어가
그들의 세계를 무궁무진하게 넓혀 주는 발판이 되고자
노력합니다. 그러다 보니 아이들이 자식이기보다는
친구로 여겨질 때가 많습니다. 그중에서도 중학교
1학년이 된 첫째 승훈이는 벌써 온갖 농담을 주고받는
친구가 되었습니다.
어느 날, 저녁 식탁에서 '이성교제'가 화제로 올랐습니다.

"너희 반에 네가 좋아하는 여학생이 있니?"

승훈이는 아니라고 대답하면서도 입을 다물지

못했습니다.

"그런데 왜 요즘 그렇게 멋을 내냐?"

"아빠? 제 친구들을 보세요, 저는 멋 내는 게 아니에요!"

"혹시 너 혼자 힘으로 안 되면 아빠한테 얘기해.

누군지는 모르지만 내가 적극 도와줄게."

"다른 친구들 아빠는 여학생 말도 꺼내지 못하게 하는데,

왜 아빠는 여학생 이야기만 나오면 저보다 더 신을

내세요?"

"야! 네 일이 내 일인데 내가 어떻게 가만 있겠니? 만약

네가 원하는 사람만 있다면 내일 당장 장가 보내 줄 수도

있어."

그 소리에 한바탕 웃고 난 승훈이가 싫지 않은 표정으로

제게 물었습니다.

"아빠 정말 목사님 맞아요?"

물론 그것은, 그런 농담까지 자기와 스스럼없이 나누어

주는 아빠에 대한 승훈이 식의 칭찬이었음을 저는 잘

알고 있습니다. 그러나 그 말은 그 이후 사라지지 않고 제

귓가를 맴돌고 있습니다.

아침에 집을 나설 때 이런 소리가 울립니다.

'너 정말 목사 맞니?'

밤에 귀가할 때에는 또 이렇게 울립니다.

'너 오늘 정말 목사였니?'

저는 승훈이의 그 질문이 평생토록 저를 바로 세워 주는 촉매제가 되기를 바라고 있습니다. 그렇다면 당신의 경우는 어떻습니까?

당신 정말 크리스천 맞아요?

> 내가 내 몸을 쳐 복종하게 함은 내가 남에게 전파한 후에
> 자기가 도리어 버림이 될까 두려워함이로라(고전 9:27)

아빠, 그리고 목사

베트남 집회를 마치고 김포공항에 도착했을 때입니다.
아침 시간이기에 학교에 가느라 공항에 나올 수 없었던
첫째 승훈이가, 몇 시간 동안이나 컴퓨터로
TV 화면을 잡아 만들었다는 환영문을 아내 편에
공항으로 보냈습니다. TV 화면에서 차범근 감독, 가수
이문세, 코미디언, 심지어는 UFO까지 동원하여 멘트를
넣어 만든 것이었습니다.
환영문을 읽는 동안 아빠를 위해 정성스럽게 환영문을
만든 승훈이의 마음이 대견스럽기도 하고 자랑스럽기도
하여 마음이 여간 흐뭇하지 않았습니다. 그와 동시에

마음 한구석에는 승훈이에 대한 미안함이 솟구쳐
올랐습니다. 환영문에서 승훈이는 저를 '아빠'가 아닌
'목사'로만 부르고 있기 때문이었습니다. 아이들에게는
'목사' 아닌 '아빠'가 되기 위해 늘 노력한다고
생각했음에도 실은 그렇지 못하다는 증명서를 받아 보는
느낌이었습니다. 아빠는 저절로 되는 것이 아니라는
평범한 진리를 다시 깨달으면서, 아이들에게 '목사' 아닌
정말 '좋은 아빠'가 되기를 새롭게 다짐해 봅니다.

자식은 여호와의 주신 기업이요 태의 열매는 그의

상급이로다(시 127:3)

"만으로 마흔여덟 살"

저는 지금까지 상대가 제 나이를 특별히 만滿으로
요구하지 않는 한, 늘 우리 나이로 밝혀왔습니다. 제가
1949년생이니까, 올해 우리 나이로 마흔아홉 살이
되었습니다.

귀가 길에 마침 시간이 남아 막내 승주를 데리러
유치원에 갔습니다. 놀이방에서 저를 발견한 승주가
"아빠" 하고 달려왔습니다. 그러자 승주와 함께 놀고
있던 조그마한 여자아이가 뛰어오더니 느닷없이 제게
물었습니다.

"아저씨! 몇 살이에요?"

아마 저희들끼리 나이에 관한 놀이를 하고 있었던
모양이었습니다. 저는 평소대로 "마흔아홉 살"이라고
하려다가 그만 입을 다물어 버리고 말았습니다. 불현듯
작년에 있었던 일이 생각났기 때문입니다. 작년 봄
유치원에서 '아빠와 함께하는 날'을 실시했습니다.
그날 유치원엘 갔더니, 저를 제외하곤 아빠들이 모두
30대였습니다. 제가 가장 연장자였습니다. 그래서
제 나이를 물은 여자아이에게 "마흔아홉 살"이라고
대답하면, 나이 많은 아빠라고 승주가 친구들에게 놀림
받을 것 같았습니다. 평소에는 단 한 번도 해보지 않은
생각이었습니다.

제가 선뜻 대답하지 못하고 머뭇거리자 그 여자아이가
다시 채근했습니다.

"아저씨! 몇 살이냐니까요?"

대답 대신 제가 물었습니다.

"도대체 넌 몇 살이니?"

여자아이에게 그렇게 질문만 던지고 승주를 얼른 데리고
나올 심산이었습니다. 여자아이는 마치 제 심중을
꿰뚫어본 듯 대답과 동시에 또 다시 물었습니다.

"다섯 살. 근데 아저씨는요?"

그때 옆에 있던 남자아이가 끼어들었습니다.

"아저씨! 몇 살이에요?"

그러는 사이에 놀이방에 있던 아이들의 시선이 온통
제게 집중되었습니다. 대답하지 않고는 그 자리를
모면할 수 없는 상황이 되고 말았습니다. 그때 제 입에서
엉뚱하게도 이런 대답이 튀어나왔습니다.

"음…… 만으로 마흔여덟 살이야!"

그리고 승주의 손을 잡고 돌아서는데 얼굴이
화끈거렸습니다. 겨우 다섯 살짜리 꼬마들 앞에서 한
살이라도 더 적게 보이려고 "만으로 마흔여덟 살!"이라고
했으니, 제 꼴이 영 말이 아니었습니다.

그러나 사랑하는 승주와 함께 집으로 돌아가는 길에,
제 마음속에는 이런 생각들이 꼬리에 꼬리를 물고
이어졌습니다.

'어린 자식을 위해 한 살이라도 젊어 보이려는 이런
마음이 부모 사랑이구나. 그렇다면 우리를 향한 하나님
아버지의 사랑은 얼마나 지극하실까? 지금까지 내가
살아온 날보다 앞으로 살아갈 날이 분명히 짧은 만큼,

이 세상에서 승주에 대한 나의 사랑도 언젠가는 끝나고 말겠지. 하지만 결코 늙지 않으시는 하나님의 영원한 사랑은 얼마나 황홀한 사랑인가? 그러므로 자식 사랑에 관한 한 지혜는, 내 자식을 언젠가 끝나버릴 나의 사랑이 아니라 영원하신 하나님의 사랑으로 사랑하는 것이리라. 그날은 참 유익한 날이었습니다.

야곱아 너를 창조하신 여호와께서 지금 말씀하시느니라
이스라엘아 너를 지으신 이가 말씀하시느니라 너는
두려워하지 말라 내가 너를 구속하였고 내가 너를 지명하여
불렀나니 너는 내 것이라(사 43:1)

쪽팔린 아이들

교회 행사에서 저희 부부가 노래를 부르게 되었습니다.
본래 노래에는 소질이 없어 남 앞에서 노래하는 것을
금기로 지켜온 저였지만, 주최측의 강청을 이기지 못해
할 수 없이 마이크를 잡았습니다. 노래를 마치고 자리로
돌아왔을 때, 제 곁에 앉아 있던 첫째와 둘째가 보이지
않았습니다. 그러더니 조금 후 들어온 아이 중 둘째인
승국이가 느닷없이 저를 나무라는 것이었습니다.
"아빠 왜 가사하고 박자하고 음정을 아무렇게나
불러요?"
얼른 대답할 말이 생각나지 않아 제가 물었습니다.

"너희들 어디 갔다 왔니?"

승국이가 다시 대답했습니다.

"아빠가 너무 노래를 못 부르시는 통에 쪽팔려서
화장실에 있다 왔어요."

제 노래가 시작되자마자 음치 아빠의 노래가 너무
창피해서, 혹시 누군가가 자기들을 알아볼까 봐 외투를
뒤집어쓰고는 얼굴을 무릎에 파묻고 있었답니다. 그런데
아빠의 음치 노래가 점점 더 악화되자 도저히 더 이상
있을 수가 없을 만큼 쪽이 팔려서 둘이 함께 화장실에
숨어 있다가 왔다는 것이었습니다. 누구보다도 제 노래
솜씨는 제가 잘 아는지라 제 노래 때문에 '쪽팔렸을'
아이들의 입장을 충분히 이해할 수 있었습니다. 제가
지금의 노래 실력으로 어디서나 노래를 부르려고 열심을
내면 낼수록 아이들이 더더욱 '쪽팔려 할 것'임은 불을
보듯 뻔합니다.

그렇습니다. 세상의 부모는 얼마든지 자식을 부끄럽게
만들 수 있습니다. 부모의 열심이 자식을 망치거나
낭패스럽게 하는 일이 비일비재합니다. 부모들이 설칠
때마다 자식이 망신스러워하는 일 역시 허다합니다.

세상의 부모는 유한하고 부족하고 허물투성이기
때문입니다.

그런데 어느 경우에도 우리를 '쪽팔리게' 하지 않으실
하나님 아버지께서 우리와 함께 계시다는 것은 얼마나
놀라운 은총입니까?

그분은 영원하시며 전능하신 사랑의 아버지시기에
그분이 열심을 내실수록 우리는 더 큰 긍지를 안게
됩니다. IMF 사태로 인한 경제적 위기 속에서 얼마나
삶이 고달프십니까? 그러나 하나님 아버지를 더욱
견고히 의뢰하십시오. 그분은 오히려 이 위기 속에서
우리의 '쪽'을 가장 확실하게 세워 주실 것입니다.

> 너희 중에 누가 아들이 떡을 달라 하면 돌을 주며 생선을
> 달라 하면 뱀을 줄 사람이 있겠느냐? 너희가 악한 자라도
> 좋은 것으로 자식에게 줄 줄 알거든 하물며 하늘에 계신
> 아버지께서 구하는 자에게 좋은 것으로 주시지 않겠느냐?
>
> (마 7:9-11)

"경제도 어려운데"

세상이 온통 경제, 경제 하다 보니 아이들의 화두도
경제가 되었습니다. 막내 승주가 종이에 그림을 그리다가
실수했는지 셋째 승윤이에게 지우개를 빌려 달라고
했습니다. 셋째 승윤이가 막내에게 점잖게 타일렀습니다.
"야, 경제도 어려운데 왜 지우개를 쓰려 하니?"
여기까지는 좋았는데 그 다음이 엉뚱했습니다.
"지우개를 쓸 바에야 차라리 종이를 찢어 버려!"
경제를 생각하는 것까지는 좋았지만, 승윤이에게는
승주의 종이보다 자기 지우개가 더 소중했습니다.
오늘날 우리가 직면하고 있는 경제적 파국은, 그동안

우리가 자신의 몫만 챙겨 온 결과입니다. 불면증에
시달리는 사람에게 밤은 죽음처럼 길듯이, 지친
나그네에게 갈 길은 한없이 멀듯이, 자기 몫만 챙기는
인생에게 절망은 끝도 없는 터널과 같습니다. 자기 몫만
챙기며 억만금을 지녔다 한들 그 인생은 결국 하나님
앞에서 영적으로든, 경제적으로든, 인간적으로든,
윤리적으로든, 반드시 파국으로 끝날 수밖에 없기
때문입니다. 주님께서, 자기 몫만 챙기는 부자가 하나님의
나라에 들어가는 것은 약대가 바늘귀로 들어가는
것보다 더 어렵다고(마 19:24) 공연히 말씀하신 것이
아닙니다.

한 부자가 있어 자색 옷과 고운 베옷을 입고 날마다
호화롭게 즐기더라 그런데 나사로라 이름하는 한 거지가
헌데 투성이로 그의 대문 앞에 버려진 채 그 부자의 상에서
떨어지는 것으로 배불리려 하매 심지어 개들이 와서 그
헌데를 핥더라 이에 그 거지가 죽어 천사들에게 받들려
아브라함의 품에 들어가고 부자도 죽어 장사되매 그가
음부에서 고통 중에 눈을 들어 멀리 아브라함과 그의 품에

있는 나사로를 보고 불러 이르되 아버지 아브라함이여
나를 긍휼히 여기사 나사로를 보내어 그 손가락으로 물을
찍어 내 혀를 서늘하게 하소서 내가 이 불꽃 가운데서
괴로워하나이다 아브라함이 이르되 얘 너는 살았을 때에
좋은 것을 받았고 나사로는 고난을 받았으니 이것을
기억하라 이제 그는 여기서 위로를 받고 너는 괴로움을
받느니라(눅 16:19-25)

승윤이의 걸레 공약

두 학기에 걸쳐 반장 부반장 선거에서 연거푸
고배를 마셨던 셋째 승윤이는 작년 가을, 그러니까
초등학교 2학년 2학기가 되어서야 드디어 부반장으로
선출되었습니다. 그 직후 며칠 동안 부반장임을 뽐내고
다니더니, 얼마 지나지 않아 부반장의 '부' 자 소리도
내지 않았습니다. 어느 날 저녁 식탁에서 부반장 생활이
어떤지 묻자 승윤이는 대뜸 이렇게 대답했습니다.
"부반장은 할 일이 없어요. 반장이 저 혼자 다 해먹어요.
제가 무슨 얘길 해도 반장이 도대체 듣질 않아요."
그리고 승윤이는 한 마디를 더 덧붙였습니다.

"나도 반장 꼭 한 번 해먹고 말 거야."

그리고 지난 3월 초 승윤이는 마침내 3학년 1학기 반장으로 선출되었습니다. 서로 반장이 되겠다고 열여섯 명이나 출마했다는 선거에서 어떤 공약으로 반장이 되었는지 승윤이에게 물었습니다. 승윤이는 기다렸다는 듯이 대답했습니다.

"만약 저를 반장으로 뽑아 주시면, 저는 여러분들을 위한 걸레가 되겠습니다."

그랬더니 표가 쏟아지더라는 것이었습니다. 승윤이의 이야기를 들으면서 가족 모두 한바탕 크게 웃었습니다. 그러나 시간이 지날수록 '여러분을 위한 걸레가 되겠다'는 승윤이의 말이 큰 울림으로 저를 사로잡았습니다. 그리스도인의 삶을 그보다 더 적절하게 표현할 수는 없을 것 같았습니다. 걸레는 자신이 더러워짐으로 상대를 깨끗하게 해줍니다. 양초가 자신을 태움 없이 어찌 빛을 발하겠으며, 소금이 스스로 녹아지지 않고 어찌 짠맛을 낼 수 있겠습니까? 같은 이치로, 자기 자신을 걸레로 내어 놓지 않는 사람에게 어찌 참된 헌신과 봉사가 가능할 수 있겠습니까? 그날 밤 저는 승윤이를

제 무릎에 앉히고는 승윤이의 머리에 손을 얹고 이런
기도를 드렸습니다.

"주님! 승윤이가 오늘 반 친구들에게 걸레가 되겠다는
약속으로 반장이 되었습니다. 승윤이가 무슨 의미로
그런 말을 했건, 한 학기 동안 승윤이가 정말 반
친구들을 위한 걸레가 되게 해주십시오. 그리고 앞으로
승윤이가 자라 갈수록 더 큰 걸레가 되게 해주십시오.
승윤이가 성인이 되어 무엇을 얻든, 어떤 직책에 앉든,
자신이 지닌 모든 것으로 더 많은 사람을 위한 더 큰
걸레로 살게 해주십시오. 타인을 위하여 걸레가 되는
삶만 진정 향기로우며 예수 그리스도의 영광과 권능이
함께하심을, 이 아들이 일평생 자신의 삶을 통해
확인하게 해주십시오."

따지고 보면 주님께서는 우리의 죄와 허물을 당신의 살과
피로 정결케 닦아주신 영원한 생명의 걸레셨습니다. 그
덕분에 우리는 그분 안에서 새로운 피조물이 되었습니다.
우리가 이 세상에서 누군가를 위한 생명의 걸레로
살아가는 것은, 우리를 위해 십자가에서 기꺼이 생명의
걸레가 되어주신 그분에 대한 최소한의 도리입니다.

그런즉 누구든지 그리스도 안에 있으면 새로운 피조물이라

이전 것은 지나갔으니 보라 새 것이 되었도다(고후 5:17)

오늘의 기도

주님
오늘도 생명이 있게 하여 주심을 감사드립니다.
오늘 하루가 의미 없는 시간으로 스러지는 날이 아니라
영원한 생명의 하루로 세워질 수 있도록
성령의 조명으로 우리의 심령을 비추어 주옵소서.

오늘도 우리의 육체가 움직이게 하여 주심을
감사드립니다.
이 육체가 허망한 욕구의 도구가 아니라
이 세상 사람들에게 진리의 실체를 보여 주는
의의 병기로 사용되게 해주옵소서.

오늘도 우리의 가정이 있게 하심을 감사드립니다.
뜻도 없이 드나드는 하숙집이 아니라
위로와 격려와 사랑과 소망이 넘치는
하나님께서 주인이신 에덴동산이 되게 하여 주옵소서.

오늘도 우리의 일터가 있게 하심을 감사드립니다.
하나님의 정의가 하수같이 하나님의 공법이 물같이
하나님의 사랑이 강물같이 흘러내리어
이 나라가 인류 평화를 위한 발판이 되게 하소서.

우리에게 주어지는 이 하루가 쌓이어
우리의 일생이 된다는 사실을 기억하여
오늘도 진리의 몫을 잘 감당함으로
잠자리에 들 때 후회 없는 하루가 되게 하소서.
아멘.

내 평생에 선하심과 인자하심이 반드시 나를 따르리니 내가
여호와의 집에 영원히 살리로다(시 23:6)

신이 보낸 사람

지난 5월 8일 어버이날에 아이들로부터 감사 편지와
선물을 받았습니다. 그중에서 셋째 승윤이의 선물이
좀 특이했습니다. 일본인 나카타니 아키히로中谷彰宏가
쓴 책으로, 책 제목이 '20대에 운명을 바꾸는 50가지
작은 습관'이었습니다. 승윤이가 그런 제목의 책을 제게
선사한 것이 아직 저를 20대의 젊은이로 여긴다는
말인지, 아니면 승윤이가 보기에 제게 바꾸어야 할
좋지 못한 습관이 50가지나 된다는 의미인지는 알 수
없었지만, 여하튼 승윤이가 저를 위해 고른 책이니만치
처음부터 끝까지 정독하였습니다. 그 책 속에 평소 제가

지니고 있는 생각과 일치하는 내용이 있기에 소개합니다. "직장 같은 곳에서 당신이 싫어하는 사람과 부딪힐 경우가 있습니다. 그때 당신은 어째서 이 사람은 이렇게 배려하지 않을까 하고 실망합니다. 이렇게 싫어하는 사람과 부딪히면, '나도 혹시 이 사람과 똑같은 행동을 하지 않았을까' 하고 자신을 돌이켜보도록 합시다. 싫어하는 사람은 신神이 대신 보낸 사람입니다. '때때로 너도 이런 식으로 행동한다구. 어때, 언짢지?' 하고 가르쳐 주고 있는 것입니다. 싫어하는 사람을 만나면 신이 보낸 사람이다 생각하고 감사하십시오."

아나니아가 대답하되 주여 이 사람에 대하여 내가 여러 사람에게 들사온즉 그가 예루살렘에서 주의 성도에게 적지 않은 해를 끼쳤다 하더니 여기서도 주의 이름을 부르는 모든 사람을 결박할 권한을 대제사장들에게서 받았나이다 하거늘 주께서 이르시되 가라 이 사람은 내 이름을 이방인과 임금들과 이스라엘 자손들에게 전하기 위하여 택한 나의 그릇이라 (행 9:13-15)

"제가 못됐단 말이에요?"

몇 해 전 애완용 개를 키울 때의 일입니다. 개가
오줌을 가리지 못해 아무 데서나 일을 저질렀습니다.
그러다 보니 가족들이 집안에서 오가며 개의 오줌을
밟는 경우가 비일비재했습니다. 특히 가족들 가운데
첫째 승훈이가 개 오줌에 양말을 적시는 횟수가
가장 많았습니다. 그날도 개 오줌을 밟은 승훈이가
속상해하며 젖은 양말을 벗고 있었습니다. 제가
승훈이에게 말했습니다.
"본래 마음씨 착한 사람이 개 오줌과 친하대."
그것은 순전히 개 오줌을 밟아 속상해하는 승훈이를

위로해 주기 위한 말이었습니다. 그러나 곁에 있던
유치원생인 셋째 승윤이가 제 말이 떨어지기 무섭게
토라진 표정으로 물었습니다.

"그럼 우리 집에서 제가 제일 못됐단 말이에요?"
희한하게도 우리 가족 중에 개 오줌을 거의 밟지 않는
사람이 승윤이었습니다. 개 오줌이 승윤이를 피해
다니는 것 같았습니다. 따라서 승윤이의 말은, 큰형아가
마음씨가 착해 개 오줌을 자주 밟는다면, 개 오줌을 거의
밟지 않는 자기는 제일 못됐을 수밖에 없지 않느냐는
의미였습니다.

그러나 저는 승훈이가 착하다고 했지, 승윤이가
못됐다고 말한 것이 아니었습니다. 그것은 개 오줌에 또
양말을 적셔 속상해하는 승훈이를 위로하기 위함이었지,
개 오줌을 밟지 않는 승윤이를 비판하거나 비난하기
위함이 아니었습니다. 그날 승윤이의 반문이 해프닝으로
끝났기에 망정이지 만약 승윤이가 계속하여, 아빠는
자기를 못된 아이로 취급하여 미워한다고 단정하며
살아간다면 부자간의 관계가 얼마나 뒤틀리겠습니까?
사람의 말은 공기의 진동을 통해 상대에게 전달됩니다.

그러나 말의 진원지는 공기가 아니라 사람의 마음입니다.
말이 공기를 진동하기 전에 먼저 사람의 마음에서
시작한다는 말입니다. 그러므로 상대의 말을 제대로
들으려면, 상대의 말이 시작된 마음을 읽고 들을
수 있어야 합니다. 그렇지 않을 경우 단순한 공기의
진동에만 집착하게 되고, 공기의 진동이 순식간에 끝나
버리는 만큼 사람의 말은 숱한 오해를 낳게 됩니다.
그래서 주님께서는 자주 '귀 있는 자는 들으라'고
말씀하셨습니다. 단순한 공기의 진동이 아니라, 당신의
마음을 읽고 들으라는 말씀이셨습니다. 사복음서의
마지막 장인 요한복음 21장의 마지막 단락이 다음과
같이 끝나는 이유가 여기에 있습니다.

베드로가 돌이켜 예수께서 사랑하시는 그 제자가 따르는
것을 보니 그는 만찬석에서 예수의 품에 의지하여 주님
주님을 파는 자가 누구오니이까 묻던 자더라 이에 베드로가
그를 보고 예수께 여짜오되 주님 이 사람은 어떻게
되겠사옵나이까 예수께서 이르시되 내가 올 때까지 그를
머물게 하고자 할지라도 네가 무슨 상관이냐 너는 나를

따르라 하시더라 이 말씀이 형제들에게 나가서 그 제자는
죽지 아니하겠다 하였으나 예수의 말씀은 그가 죽지 않겠다
하신 것이 아니라 내가 올 때까지 그를 머물게 하고자
할지라도 네게 무슨 상관이냐 하신 것이러라 (요 21:20-23)

이와 같은 사복음서의 마지막 단락에 이어 사도행전의
막이 오르는 것은, 주님의 말씀을 단순한 공기의
진동으로 듣지 않고, 그 진동의 진원지인 주님의 마음을
보고 듣는 사람만 주님 안에서 사도행전의 삶을 살 수
있음을 일깨워줍니다.

그 날에는 내가 아버지 안에, 너희가 내 안에, 내가 너희
안에 있는 것을 너희가 알리라 (요 14:20)

승국이와 '뽑기'

다방면에 걸쳐 관심이 많기에 4형제 중 가장 바쁜 둘째
승국이에게 한 가지 일이 더 생겼으니 곧 '뽑기'입니다.
승국이가 뽑기에까지 진출하게 된 사연은 이러합니다.
승국이가 다니는 학교 어귀에는 '뽑기 장수'가 판을
벌이고 있고, 승국이 역시 여느 아이들과 마찬가지로
단골손님이었습니다. 어느 날 승국이는 뽑기 하나가
300원인데 비하여 그것을 만들 수 있는 기구는 통틀어
7,000원밖에 하지 않는다는 사실을 알게 되었습니다.
그날부터 승국이는 뽑기를 사먹지 않고 열심히 용돈을
모으기 시작했습니다. 그리고 마침내 작정한 돈이

마련되자 뽑기 장수와의 교섭 끝에 그로부터 '뽑기 기구' 신품 한 세트를 구입하였습니다. 국자, 뒤집기 철판, 누르기 철판, 뽑기 틀 등이었습니다.

그날 이후로 승국이는 사명감을 가지고 식구들에게 뽑기를 공양하고 있습니다. 틈이 나면 2층의 홍성사 식구들을 위해서도 기꺼이 봉사합니다. 물론 경비는 단 1원도 들지 않습니다. 모두 집에 있는 재료를 사용하기 때문입니다. 나중에 엄마가 얼마를 지불하든 승국이는 걱정할 필요가 없습니다. 뽑기를 만들어 돌릴 때마다 식구들로부터 감사의 찬사를 한몸에 받기에, 승국이는 신바람을 내면서 오늘도 뽑기 봉사를 즐겁게 합니다. 자기 혼자 뽑기를 사먹는 승국이의 모습보다 모든 식구들을 위하여 뽑기 봉사를 하는 승국이의 모습이 훨씬 더 아름다움은 두말할 나위가 없습니다.

그와 같은 승국이의 모습은 하나님과 우리의 관계를 생각케 해주었습니다. 우리는 일평생 '진리의 뽑기'를 얻어먹는 사람으로 살아갈 수도 있고, 사람들에게 '진리의 뽑기'를 나누어주는 봉사자로 살아갈 수도 있습니다. 하나님께서 우리에게 원하시는 것은 물론

후자의 삶입니다. 하나님께서는 여기에 필요한 진리의
재료를 다 주셨습니다. 남은 것은 뽑기를 위한 기구를
갖추는 것입니다. 그것은 말할 것도 없이 '영성의 삶'
입니다. 이 기구를 갖춘다는 것은 하나님과 사람 앞에서
우리 자신의 가치를 극대화하는 것을 의미합니다. 이
사실을 깨달았던 이사야는 이렇게 노래했습니다.

주 여호와께서 학자의 혀를 내게 주사 나로 곤핍한 자를
말로 어떻게 도와줄 줄을 알게 하시고 아침마다 깨우치시되
나의 귀를 깨우치사 학자같이 알아듣게 하시도다

(사 50:4)

아이들의 홀로서기

약 두 달 전의 일입니다. 밖에 나갔던 둘째 승국이가
잔뜩 찌푸린 표정으로 돌아왔습니다. 이유를 물었더니,
동네에 걸핏하면 아이들을 때리는 N형이 있는데 그날도
이유 없이 승국이를 비롯한 아이들의 뺨을 때렸다는
것이었습니다. 이야기를 하던 승국이는 치밀어오르는
분을 이기지 못한 채, 끝내 울음을 터트리고 말았습니다.
승국이의 울음소리를 듣고 첫째 승훈이가 방에서
나왔습니다. 자초지종을 듣고 난 승훈이는 자기도
N형에게 맞은 적이 있고, 동네 아이들치고 그 형에게
맞지 않은 친구는 아무도 없다고 했습니다. 그 말을 하는 승훈이의 얼굴에도 억울하다는 표정이 역력했습니다.
그리고 승훈이와 승국이의 눈동자는 아빠인 저의
도움을 애절하게 호소하고 있었습니다.

아빠인 제가 무엇을 해 주기를 원하는지 묻자, 두
아이는 마치 약속이라도 한 듯 N형을 혼내 주라는
것이었습니다. 저는 아이들에게 이렇게 물었습니다.

"이제 초등학교 6학년인 N형을 혼내 주는 것은 아빠에겐
너무 쉬운 일이야. 그러나 이런 생각을 해봤니? 아빠가
늘 너희들 곁에 함께 있을 수는 없잖니? 아빠에게 혼난
N형은 아빠가 보지 않을 때 반드시 너희들을 가만두지
않을 텐데, 그래도 괜찮겠니?"

두 아이들은 제 말이 무슨 의미인지 깨달았다는 듯, 모두
고개를 가로저었습니다. 제가 다시 말했습니다.

"세상에는 너희들과 다른 사람들이 수없이 많단다.
그러나 너희들은 스스로 그 사람들을 좋은 친구로 만들
수 있어야만 해. 반드시 너희들 스스로 그 일을 할 수
있어야 하는 까닭은, 아빠 엄마는 영원히 너희 곁에 있을
수 없기 때문이야. 이렇게 하면 어떻겠니? 너희들 스스로
재주껏 N형을 우리 집으로 초대해 봐. 아빠 엄마가

근사하게 N형을 환영해 줄게!"

며칠이 지난 뒤, 갑자기 제 서재의 인터폰이 다급하게
울렸습니다. 수화기를 들자 두 아이의 흥분한 목소리가
울려퍼졌습니다.

"아빠! N형이 우리 집에 왔어요."

내려갔더니 N형은 사내다운, 그러나 사근사근한
소년이었습니다. 그날 우리 부부는 따스하고 진정어린
마음으로 그 아이를 환영해 주었습니다. 지금은 두
아이들이 N형과 친한 사이가 되었음은 물론입니다.

때로 하나님께서 당신을 홀로 두시는 것같이 느껴진다면
그것은 당신을 방치하시기 때문이 아니라, 하나님 앞에서
당신이 홀로서기를 원하시는 까닭입니다. 그것이 바로
그리스도인의 성숙이요, 가나안 땅에 입성한 이스라엘
백성들에게 더 이상 만나가 내리지 아니한 까닭이기도
합니다.

> 그 땅 소산을 먹은 다음 날에 만나가 그쳤으니 이스라엘
> 사람들이 다시는 만나를 얻지 못하였고 그 해에 가나안 땅의
> 열매를 먹었더라 (수 5:12)

글로 나누는 사랑

작년 9월 가족과 헤어져 홀로 제네바에 온 후, 8개월
동안 가족들과 많은 글을 주고받았습니다. 아이들과
주고받은 편지가 105통, 아내와의 사이에 오간
편지는 224통이나 됩니다. 말이란 중요하면서도 쉬운
의사소통의 수단입니다. 그러나 어렵지 않은 만큼
깊이가 결여되기 쉽습니다. 글로 의사를 표현한다는
것은 쉽지 않습니다. 쉽지 않기 때문에 말보다 글은 더
깊은 의미를 지니게 됩니다. 그렇기에 가족들과 그 많은
글들을 주고받으면서, 가족들에 대한 사랑과 신뢰가 더
깊어졌는지 모릅니다. 지난 어버이날, 이제 중학교

3학년이 된 승훈이가 보낸 편지에는 다음과 같은 내용이 있었습니다.

아빠! 어버이날 정말 감사드려요. 많은 사람들은 목사님으로서의 업적을 보고 아빠를 존경하고 사랑하지만, 저는 아버지로서의 업적을 보고 아빠를 존경하고 또 사랑합니다. 그리고 그 업적의 결과는 언제나 밝고 화목한 우리 가족입니다. 아빠! 정말 사랑합니다. 아빠가 멀리 떨어져 계셔도 늘 곁에 계시는 것 같은 것은, 아빠는 저의 아버지시기 때문입니다. 그 이유 하나만으로도 우리는 이렇게 사랑하고 행복하게 지냅니다. 아빠와 저는 그런 사이입니다. 그래서 저는 아빠를 사랑합니다. 아빠는 제가 태어나기 전부터 저를 위해 기도해 주신 분이십니다. 전 태어나기도 전부터 아빠와 호흡한 셈이지요. 지금은 잠시 떨어져 있을 뿐입니다. 그 잠시가 지나가면 아빠와 저와 우리 가족들은 항상 같은 공간에서 함께 호흡하며 살아갈 것을 알기에, 저는 아빠가 늘 제 곁에 계신 것 같은 것입니다. 아빠! 감사합니다. 그리고 사랑합니다. 어버이날 일 년에 한 번 하는 말이 아닙니다. 진심으로 드리는 말입니다.

글이 아니고서는, 제가 어찌 이처럼 깊은 승훈이의
마음을 다 읽을 수 있겠습니까? 그래서 글로 깊은 사랑을
나눌 수 있는 특별한 기회를 주신 하나님께 감사드리지
않을 수 없습니다.

사랑하는 아들 디모데에게 편지하노니 하나님 아버지와
그리스도 예수 우리 주께로부터 은혜와 긍휼과 평강이 네게
있을지어다(딤후 1:2)

아비의 심정

1999년 7월 16일은 아내가 여름방학을 맞이한 아이들과
함께 저를 찾아오기로 예정된 날이었습니다. 지난
겨울방학 때 가족들이 다녀간 이래, 실은 매일 이날을
기다려 왔습니다. 마치 소풍을 기다리는 어린아이와도
같이 날마다 손을 꼽아 가며 말입니다. … 101일, 100일,
99일 … 그러나 이처럼 많은 날이 남아 있을 때에는
그날이 도무지 올 것 같은 실감이 나지 않았습니다.
그래도 매일 달력에 표를 해 가며 손꼽기를 멈추지
않았습니다. … 20일, 19일, 18일 … 그러다가 마침내
15일이 남았습니다. 그런데 웬일입니까? 그날부터는

도무지 시간이 가지를 않는 것이었습니다. 이제 2주
후면 그리운 가족들을 만날 수 있다는 꿈에 부풀수록,
시간은 마치 나무에 동여매인 밧줄처럼 움직일 줄을
몰랐습니다. 그야말로 일각一刻이 여삼추如三秋였고, 그
길고도 긴 시간의 터널을 지난다는 것은 말할 수 없는
고역이었습니다.

디-데이가 닷새 앞으로 다가오자, 저는 가족을 맞을
준비에 분주해지기 시작했습니다. 여섯 식구의 잠자리를
세탁하는 일에서부터 일상용품의 준비에 이르기까지
해야 할 일들이 무척이나 많았습니다. 하루 전날에는
온종일 대청소를 하였습니다. 아침 10시에 시작한
청소가 다 끝나고 나니 오후 7시 30분이었습니다. 무려
9시간 30분 동안이나 청소를 한 것입니다. 특별히 청소를
할 것이 있어서가 아니라, 어떻게 하면 가족들에게 좀 더
쾌적한 환경을 만들어줄까 하다 보니 그렇게 긴 시간이
걸린 것입니다.

드디어 꿈에도 그리던 7월 16일이 되었습니다. 가족을
맞으러 공항으로 나가기 전, 저는 수퍼에 가서 빵이며
과일 등 식료품을 샀습니다. 마침 그곳에서 만난

어떤 분이, 왜 그런 것들을 미리 준비해 두지 않고
하필 가족들이 도착하기 직전에야 구입하느냐고
물었습니다. 그분에겐 그저 미소로 답했지만, 그러나 그
이유는 너무나도 간단했습니다. 사랑하는 가족들에게
조금이라도 더 싱싱한 음식을 먹이고 싶은 심정
때문이었습니다.

그래서 저는 하나님 아버지를 전폭적으로 신뢰합니다.
사랑하는 아내와 아이들을 맞는 남편과 아비 된 저의
심정이 이럴진대, 하나님 아버지의 저를 향하신 심정은
저와는 비교할 수조차 없을 것이기 때문입니다.

> 여호와는 너를 지키시는 이시라 여호와께서 네 오른쪽에서
> 네 그늘이 되시나니 낮의 해가 너를 상하게 하지 아니하며
> 밤의 달도 너를 해치지 아니하리로다 여호와께서 너를 지켜
> 모든 환난을 면하게 하시며 또 네 영혼을 지키시리로다
> 여호와께서 너의 출입을 지금부터 영원까지 지키시리로다
>
> (시 121:5-8)

승윤이와 축구

제가 시간이 날 때마다 산책하는 라르브 강변에는
시민공원이 있고, 그 안에는 잔디가 깔린 축구장이 세
개나 있습니다. 오후가 되어 학교가 파하고 나면 초록색
잔디 위에서 갖가지 색깔의 유니폼을 입은, 미래의
축구 스타를 꿈꾸는 어린 학생들이 코치의 지도에
따라 열심히 연습을 합니다. 오며 가며 그 광경을 매일
접했지만 별다른 느낌이 없었습니다.

그러나 작년 가을부터 갑자기 그 앞을 지날 때마다
가슴이 저미곤 했습니다. 당시 초등학교 4학년이던 셋째
아이, 승윤이가 축구를 시작했기 때문이었습니다. 그저

취미로 시작한 것이 아니라, 아예 축구에 자신의 인생을 걸고 출가한 것이었습니다. 축구부가 있는 학교로 전학을 하고, 합숙소에서 합숙을 하면서 집에는 주말에 하루만 오는 생활이 시작되었습니다. 물론 수년 전부터 밤낮으로 원하던 승윤이의 뜻을 존중하여, 서로 떨어져 있는 아내와 제가 전화로 합의하여 이루어진 일이었습니다. 하지만 그날 이후로, 잔디구장 앞을 지날 때마다 가슴이 저미는 것이었습니다. 풀 한 포기 없는 맨땅에서, 그것도 비나 눈이 오면 진창 속에서 훈련을 받는 승윤이의 모습이 어김없이 떠오르기 때문이었습니다.

그런데 얼마 전, 감사하게도 승윤이가 스스로 축구를 포기했습니다. 코치가 축구 조기유학을 권할 정도로 승윤이의 축구 재능은 뛰어난 데가 있었지만, 막상 장본인인 승윤이가 축구 포기를 선언하였습니다. 자신이 좋아하는 축구를 위해 출가까지 결행하고 만 8개월 동안 오직 축구만을 위해 살다 보니, 저희 부부가 바랐던 대로, 축구가 인생을 걸 대상은 아니라는 사실을 스스로 깨달았던 것입니다. 승윤이에게 그 사실을 전화로 통보받던 날부터, 잔디구장 앞만 지나면 그토록 가슴

저미던 증상이 거짓말처럼 깨끗이 사라져 버렸습니다.
그래서 저는 오늘도 축구장을 끼고 있는 라브르 강변을
걸으며, 홀로 사랑에 대해 깊이 생각해 봅니다. 부모자식
간의 사랑, 그리고 하나님 아버지와 우리 사이의 사랑을
말입니다.

> 누가 우리를 그리스도의 사랑에서 끊으리요 환난이나
> 곤고나 박해나 기근이나 적신이나 위험이나 칼이랴
> …… 내가 확신하노니 사망이나 생명이나 천사들이나
> 권세자들이나 현재 일이나 장래 일이나 능력이나 높음이나
> 깊음이나 다른 어떤 피조물이라도 우리를 우리 주
> 그리스도 예수 안에 있는 하나님의 사랑에서 끊을 수
> 없으리라(롬 8:35, 38-39)

벨과 열쇠

이제 막, 다시 열쇠로 문을 열고 집으로 들어왔습니다. 근한 달 만의 일입니다. 겨울방학을 맞아 이곳 제네바에서 저와 함께 지내던 가족들이 오늘 한국으로 돌아갔기 때문입니다.

지난 한 달 동안은 참으로 행복했습니다. 밖에 나갔다가 귀가하면, 아파트 입구에서 벨을 누를 수 있었기 때문입니다. (이곳은 보안이 철저하여 아파트의 경우 입구에서부터 외부인의 출입은 통제됩니다.) 그때마다 어김없이 인터폰을 통해 아내나 아이들의 목소리가 울려 퍼지고, '나요' 혹은 '아빠다' 라는 소리와 동시에 아파트의 출입문이 열립니다. 그리고

1층(우리 나라로 따지면 2층)으로 올라가면, 벌써 가족들이
현관문을 열고 기다리고 있습니다. 나를 사랑하고, 또
내가 사랑하는 가족들이 말입니다.

가족들이 탑승장으로 들어가 더 이상 보이지 않음에도,
저는 공항 청사 안에서 홀로 기다리며, 가족이 탄
비행기의 출발을 확인한 다음에야 귀가하였습니다.

아파트 입구에 섰을 때, 한동안 정답게 누르던 벨이
보였습니다. 이제는 더 이상 쓸모가 없게 된 벨 말입니다.
오늘 낮까지만 해도 그토록 유용했건만, 여름에 다시
가족이 오기까지는, 저와는 아무런 상관이 없어져
버리고 말았습니다.

그러나 저는 먼저 벨을 눌렀습니다. 그리고 주머니에서
열쇠를 꺼내어 출입문을 열고, 계단을 걸어 올라가 집
현관문을 또 열쇠로 열기 전, 거기에 부착되어 있는
벨도 눌렀습니다. 당분간 사용하는 이가 없어 외로워할
벨에게, 6개월만 기다리라는 마음의 표시로 말입니다.

행복은 결코 먼 곳에 있지 않습니다. 귀가하여 벨을 누를
수 있다면, 행복은 바로 거기에 있습니다. 행복은 언제나

가장 가까운 곳에 있습니다. 불행은, 바로 이 평범한
사실을 알지 못하는 것입니다.

내가 두 가지 일을 주께 구하였사오니 내가 죽기 전에 내게
거절하지 마시옵소서 곧 헛된 것과 거짓말을 내게서 멀리
하옵시며 나를 가난하게도 마옵시고 부하게도 마옵시고
오직 필요한 양식으로 나를 먹이시옵소서 혹 내가 배불러서
하나님을 모른다 여호와가 누구냐 할까 하오며 혹 내가
가난하여 도둑질하고 내 하나님의 이름을 욕되게 할까
두려워함이니이다(잠 30:7-9)

참으로 신실하게

저는 요즘 주일이면 즐겁습니다. 아이들이 태어난 이래
가족과 저의 예배 위치는 언제나 달랐습니다. 제 위치가
강단이었던 반면 가족들의 그것은 늘 회중석이었습니다.
그나마 교회학교에 속해 있던 아이들과는 특별한 경우를
제외하곤 예배 공간마저 같지 않았습니다. 그러나
요즘은 온 가족이 함께 어깨를 나란히 하고 앉아
예배를 드립니다. 그래서 주일이면 즐거운 것입니다.
스위스에서 귀국한 이후 저는 조그만 개척 교회를 다니고
있습니다. 제가 스위스에 있는 3년 동안 저희 가족의
신앙을 책임져 주었던 고마운 교회입니다. 얼마나 작은

교회인지 출석교인이라야 저희 여섯 식구를 포함하여 30명 남짓입니다. 교회학교도 없습니다. 아이들은 어른과 함께 예배를 드려야 합니다. 그래서 저는 즐겁습니다. 그 덕분에 온 가족이 같은 시간에 같은 장소에서 같은 마음으로 예배를 드릴 수 있으니 말입니다.

그러나 제가 주일마다 즐거워하는 더 큰 이유는 다른 데 있습니다. 빌딩 연수실을 빌려 예배드리는 그 교회엔 변변한 성가대나 피아노 혹은 오르간도 없습니다. 앰프 시설 역시 수준 미달입니다. 그 어떤 경건한 장식과도 거리가 멉니다. 그 교회 담임목회자의 신학 사상과 제 생각이 완전히 일치하는 것도 아닙니다. 그러나 매주일 선포되는 그분의 신실한 설교는 나머지 모든 부족함을 메우고도 남습니다. 신실한 설교란 두말할 것도 없이 설교자의 삶과 괴리를 이루지 않는 것입니다. 이런 의미에서 저는 그분의 삶에서 설교를 듣고 그분의 설교에서 그분의 삶을 봅니다. 그래서 저는 매주일 즐겁습니다. 신실한 크리스천을 만나는 것보다 더 큰 즐거움은 없으므로!

또 해가 바뀌었습니다. 그러나 참으로 신실해지지

않는다면 새해와 묵은해의 구별은 무의미할 것입니다. 참된 크리스천 됨은 외형적인 업적이 아니라 본질적으로 신실해짐에 있습니다. 크리스천이 된다는 것은 본질적인 문제이고, 우리 주님께서 신실한 분이시기 때문입니다.

그런즉 너는 알라 오직 네 하나님 여호와는 하나님이시요 신실하신 하나님이시라 그를 사랑하고 그의 계명을 지키는 자에게는 천 대까지 그의 언약을 이행하시며 인애를 베푸시되(신 7:9)

행복한 불륜(?)

얼마 전 미국 애리조나 주 피닉스에 갔을 때입니다.
그곳에서 만난 한 교우님의 우스개 이야기가 섭씨
40도를 오르내리는 사막의 열기를 식혀 주었습니다.
식당에 간 남자와 여자가 비싼 음식을 주문하면
그 두 사람은 불륜 관계요, 싼 것을 시켜 먹으면
부부지간이랍니다. 식사하는 내내 서로 마주 보고
정답게 이야기를 계속하면 그들은 불륜이요, 고개를
숙인 채 아무 말 없이 시킨 밥만 먹으면 부부 사이입니다.
식사를 마친 뒤 남자가 돈을 내면 불륜, 여자가 지불하면
부부입니다. 식당을 나와 멋진 코스로 드라이브를 하면

불륜, 자동차가 곧장 집으로 향하면 부부입니다. 차
안에서 웃어가면서 무엇인가 끊임없이 대화를 나누면
불륜, 그저 무표정하게 차창 밖만 보고 앉아 있다가
목적지에 도착해서도 말 한 마디 없이 내리면 그들은
영락없는 부부랍니다.

우리 주위에서 흔히 볼 수 있는, 무뚝뚝하기만 한
전형적인 한국 부부의 모습을 잘 보여 주는 이 우스개
이야기를 듣고 얼마나 웃었는지 모릅니다. 마침 그날
밤 숙소에서 서울에 있는 아내와 전화를 하던 중, 이
이야기가 생각나 그대로 옮겨 주었습니다. 계속 웃음을
터트리며 듣고 있던 아내가 제 말이 끝남과 동시에
다음과 같이 결론을 내렸습니다.

"우리는 완전 불륜이군요."

한국으로 돌아온 뒤 식사 시간에 아이들에게 이
이야기를 들려 주자, 셋째인 승윤이의 결론 역시 아내와
똑같았습니다.

"그럼 아빠와 엄만 불륜이네요."

그 말을 막내 승주가 대뜸 이렇게 받았습니다.

"그래도 행복한 불륜이잖아."

우리 부부는 아이들과 더불어 주님 안에서 계속 '행복한 불륜(?)'을 즐기기로 하였습니다.

> 내 누이, 내 신부야 네 사랑이 어찌 그리 아름다운지 네 사랑은 포도주보다 진하고 네 기름의 향기는 각양 향품보다 향기롭구나(아 4:10)

야구 글러브

여간해서 부탁을 하지 않는 셋째 승윤이(중1)가 하루 저녁
제게 이런 말을 했습니다.
"제가 어릴 때엔 아빠와 함께 야구도 하고 했잖아요.
그런데 그게 너무 오래 된 일이라, 이젠 기억조차 잘 나지
않아요. 아빠 시간 있으실 때, 다시 저랑 야구 한번 해
보면 안 될까요?" 그러고 보니 제가 스위스로 떠난 98년
이래 아이들과 공놀이를 해본 적이 없었습니다.
"예전에 쓰던 글러브는 아직 그대로 있니?"
저의 물음에 승윤이는 벌써 없어졌다고 했습니다.
저는 승윤이와, 기회가 되면 글러브를 구입하여 함께

야구놀이를 하기로 약속했습니다만, 바쁜 일정에
쫓기다 보니 마음만 있을 뿐 실천은 하지 못했고, 자연히
승윤이와의 약속은 차일피일 미루어지기만 했습니다.
그리고 얼마 후 뉴욕엘 갔습니다. 귀국 전날 저녁 약속
장소로 이동할 때였습니다. 저를 태우고 가던 성도님이
잠시 스포츠용품점을 들러 가자고 했습니다. 저는
그분에게 무슨 볼일이 있나 보다 했으나, 실은 그게
아니었습니다. 그전 날 밤 잠자리에 들었는데, 불현듯 제
아이에게 야구 글러브를 사주어야겠다는 마음이 그분을
사로잡았답니다. 아니, 웬 야구 글러브? 느닷없는 생각에
자신도 이상하게 여겨져 고개를 가로저어 보았지만,
날이 밝아 아침이 되자 야구 글러브에 대한 그분의
마음은 더욱 확고해지기만 했습니다. 그것이 저와 함께
저녁모임 장소로 향하던 중 자동차를 스포츠용품점으로
몬 까닭이었습니다. 그러고는 굳이 사양하는 제 의사는
아랑곳하지도 않고, 야구 글러브 두 개를 구입하여 제게
건네주었습니다.
제가 승윤이와 약속한 곳은 서울이었습니다. 그러나
주님께서는 저를 대신하여, 서울의 정반대편인 뉴욕에서

그 성도님을 도구 삼아 승윤이와의 약속을 지켜
주셨습니다. 그렇기에 그분으로부터 건네받은 글러브는
단순히 야구 글러브가 아니었습니다. 그것은 섬세하고도
따스한 주님의 손길이었습니다.
당신의 하나님께서 이런 분이심을 믿고 계십니까?

> 그가 여호와의 말씀과 같이 하여 곧 가서 요단 앞 그릿
> 시냇가에 머물매 까마귀들이 아침에도 떡과 고기를,
> 저녁에도 떡과 고기를 가져왔고(왕상 17:5-6상)

사랑타령

자동차를 타고 가며 라디오를 켜자 가요가
흘러나왔습니다. 그 노래를 가만히 듣던 막내 승주
(초등학교 5학년)가 물었습니다. "왜 우리나라 가요는 거의
사랑타령이에요?" 이 질문에 아내가 답했습니다. "그건
사랑하기가 그만큼 힘들기 때문이란다."
정말 그렇습니다. 마음먹은 대로 사랑할 수만 있다면,
동서고금을 막론하고 사랑이 소설이나 음악 그리고
영화의 단골 주제가 되지는 않았을 것입니다. 더욱이
사랑으로 인해 상처를 주고받는 일도 없을 것이요,
크리스천이 사랑해야 할 자를 바르게 사랑하지 못함으로

인해 괴로워하는 일도 없을 것입니다. 주님을 사랑한다는
것은 곧 주님께서 사랑하시는 사람을 사랑하는 일이기에,
이와 관련하여 크리스천치고 가책을 느끼지 않는 자가
드물 정도로 사랑은 쉽지 않습니다. 그렇다고 사랑타령만
늘어놓아야 할 정도로 사랑은 아예 불가능한가?
그렇지는 않습니다. 사고의 전환과 더불어 얼마든지
가능합니다. '사랑장'으로 알려진 고린도전서 13장은
이렇게 일러주고 있습니다.

> 내가 내게 있는 모든 것으로 구제하고 또 내 몸을 불사르게
> 내어 줄지라도 사랑이 없으면 내게 아무 유익이 없느니라
>
> (고전 13:3)

대부분의 사람들은 사랑이란 '상대의 유익을 위한
이타적 행위'로만 이해하고 있습니다. 이 그릇된 이해가
사랑을 어렵게 만드는 이유입니다. 상대의 유익을 위한
사랑이라면 곧 나의 손해, 나의 헌신과 동의어가 되기
때문입니다. 그러나 성경은 사랑하지 않으면 나에게
유익이 없음을 단언하고 있습니다. 다시 말해 사랑이란

그 누구도 아닌 '나의 유익'을 위함임을 분명히 일깨워
주고 있습니다. 사랑과 미움은 부메랑과 똑같습니다.
누군가에게 미움을 던지면 반드시 그로부터 미움이
돌아오게 됩니다. 반대로 사랑을 쏟으면 사랑으로
되돌아옵니다. 이 사실을 깨달은 자에게 사랑은 힘든
일일 수 없습니다. 사랑이 아니고는, 하나님 앞에서
자신을 진정으로 위하고 가꾸는 길이 달리 없음을 아는
까닭입니다.

하나님을 사랑하는 것은 이것이니 우리가 그의 계명들을
지키는 것이라 그의 계명들은 무거운 것이 아니로다(요일 5:3)

졸업식장에서

승훈이가 고등학교 졸업하던 날입니다. 단층뿐인 강당
좌석 대부분은 졸업생들에게 돌아갔고, 학부형들은
뒤쪽에 콩나물시루처럼 부대끼며 서 있어야만 했습니다.
식은 정시에서 한 시간이나 지나서야 시작되었습니다.
졸업생들이 제 시간에 오지 않아 예행연습이 늦어졌기
때문입니다. 식이 시작되기 직전까지 학부형들 앞에서
계속된 예행연습 도중 졸업생들의 호응이 못 미치자,
지도교사의 입에서는 몇 번이나 아슬아슬한 내용의
호통이 떨어졌습니다. 각 반에서 본인이 원하는 대학에
합격한 학생 수가 불과 두세 명에 지나지 않음을

감안하면, 모든 졸업생들이 진지한 마음으로 졸업식에
임하기를 바라는 것 자체가 아예 무리였습니다.

드디어 식이 시작되었습니다. 그러나 끝날 때까지
졸업생들의 웅성거리는 잡담 소리는 멈추지 않았습니다.
졸업식장이라기보다는 시장터를 방불케 했습니다.
하지만 이에 아랑곳하지 않고 식순은 계속 이어졌습니다.

—여러분을 또다시 떠나보내자니 마음 허전함을 메울
길이 없습니다.(교장선생님 훈화)

—동창회는 여러분의 든든한 후원자가 될 것입니다. 아무
걱정 말고 교문을 나서십시오.(동창회장 격려사)

—이제 내일이면 형님들이 없겠거니 생각하니 왠지
눈물이 앞을 가립니다.(재학생 송사)

—존경하는 선생님, 사랑하는 후배, 정든 교정을 영영
떠나야 한다니 마음이 미어지는 것만 같습니다.(졸업생 답사)

그 누구도 듣지도 믿지도 않는, 진실이 비어 있는 말
그리고 말……. 그 공허한 말들만 공기를 진동시키고
있었습니다. 불현듯 그 졸업식장이 교회와 같다는
생각이 들었습니다. 삶이 수반되지 않는 빈말들만
난무하고 있는 오늘날의 교회 말입니다. 알고 계십니까?

삶이 뒤좇지 않으면 천사의 말을 해도 그것은 단순한
공기의 떨림—그것도 순식간에 사라져 버릴—에 지나지 않습니다.

조금 후에 곁에 섰던 사람들이 나아와 베드로에게 이르되
너도 진실로 그 도당이라 네 말소리가 너를 표명한다 하거늘
그가 저주하며 맹세하여 이르되 나는 그 사람을 알지
못하노라 하니 곧 닭이 울더라 이에 베드로가 예수의 말씀에
닭 울기 전에 네가 세 번 나를 부인하리라 하심이 생각나서
밖에 나가서 심히 통곡하니라(마 26:73-75)

승윤이의 답

1학기 중간고사 중이던 승윤(셋째, 중2)이가 대단히
불만스런 표정으로 귀가하였습니다. 이유를 묻자,
영어시험에서 맞는 답을 썼는데도 선생님이 틀렸다고
채점했다는 것이었습니다. 마침 승윤이가 해당
시험지를 갖고 있기에, 아내와 함께 대체 무슨 영문인지
살펴보았습니다. 승윤이가 문제로 삼은 문제는 다음과
같았습니다.

- 다음 글을 읽고 이어질 응답으로 가장 적절한 것을
  고르시오.

〈문제〉 I broke your CD player, it's all my fault.

(내가 네 CD 플레이어를 깨트렸어. 전적으로 나의 잘못이야.)

〈답〉 ① Not at all.(천만의 말씀이야.)

② Thank you.(고마워.)

③ Never mind.(괜찮아.)

④ Of course not.(물론 아니야.)

⑤ You should not use that.(넌 이제 그걸 사용하면 안 돼.)

문맥상 정답은 3번이지만, 승윤이가 선택한 답은
5번이었습니다. 남의 물건을 함부로 다루는 친구라면,
자기는 정말 다시는 자기 물건에 손대지 못하게
하겠답니다. 그래서 5번을 선택했는데, 왜 자기 답이
틀렸는지 선생님이 해명해 주지 않는다는 것이었습니다.
물론 이론적으로는 승윤이의 주장이 타당했습니다.
그러나 승윤이가 모르는 것이 있었습니다. 그것은, CD
플레이어보다 더 귀한 재산은 사람이라는 교훈입니다.

의인의 열매는 생명나무라 지혜로운 자는 사람을 얻느니라

(잠 11:30)

떠나보내기

사랑하는 훈이야, 네가 노트북을 가지고 가지 않았으니
아빠의 이 메일을 언제 볼지 모르겠구나. 그게 언제든
상관없이 아빤 네게 이 글을 지금 쓰고 싶어 자판을
두드리고 있다.

오늘 아침 기차역에서 헤어질 때 네가 준 편지, 끝내
아빠의 눈시울이 붉어졌지. 너의 그 따뜻한 마음이 온통
아빠에게 전이되었기 때문이야. 그리고 네가 없는, 그래서
텅 빈 듯한 집으로 들어왔을 때, 왜 그리도 마음이
허전하던지! 아, 이렇게 떠나 버렸구나! 18년 동안
기쁨과 긍지와 행복을 주던 사랑하는 승훈이가 이렇게

가버렸구나 — 이런 생각과 더불어 흘러내리는 눈물을 주체할 수 없었단다. 그 순간 하나님께서 내게 말할 수 없는 소망과 믿음을 쏟아 부어 주셨단다. 지금까지는 아빠와 엄마에 의해 네가 양육되었지만, 이제부터는 하나님의 손에 의해 직접 아름답게 빚어져 갈 것이라는 소망과 믿음 말이다. 비록 가족과 떨어졌지만, 그렇기 때문에 넌 이제 하나님의 승훈이로 멋지게 농익어 갈 것을 믿어 의심치 않는다.

사랑하는 아들아! 낭만과 꿈과 소망과 자기훈련이 넘치는 멋진 대학 생활을 즐기거라. 그리고 잊지 말거라. 아빠 엄마에겐, 네가 그처럼 늠름하게 네 길을 홀로 떠나는 것보다 더 큰 효도가 없다는 사실을 말이야. 비록 몸은 서로 떨어져 있지만, 그러나 아빠 엄마가 언제나 네 곁에 있다는 것 알지? 도움이 필요하면 하시라도 연락하거라.

2003년 2월 23일 오후 3시 41분
널 사랑하는 아빠가

올해 한동대에 입학한 큰아이가 지난 2월 23일 포항으로 떠났습니다. 그곳에서 학업을 마치고 군 복무를 한 후엔 결혼을 하고……, 이렇게 생각하니 승훈이는 이미 자기 인생을 찾아 출가한 셈이었습니다. 단순한 이별이 아니었던 것이지요. 그날 서울역에서 승훈이를 떠나보낸 뒤 귀가하여 위의 글을 써 보내었습니다. 자식을 떠나보내는 것보다 더 큰 사랑이 없음을, 주님께서 주신 자유와 더불어 마음속 깊이 되새기면서 말입니다.

아버지께서 나를 보내신 것 같이 나도 너희를 보내노라

(요 20:21하)

이재철 李在哲

1988년 주님의교회 개척. 10년 임기를 마치고 1998년부터 스위스 제네바한인교회를 3년간 섬겼다. 2005년 7월 10일부터 한국기독교선교100주년기념교회 담임목회자로 사역을 시작했다. 2013년 4월 전립선암 판정을 받아 그해 5월 수술을 받고 10월에 강단에 복귀했다. 2018년 11월 18일 은퇴했다.

지금까지 쓴 책으로 《청년아, 울더라도 뿌려야 한다》, 《회복의 신앙》, 《회복의 목회》, 《사랑의 초대》, 대담집 《지성과 영성의 만남》(이어령 공저, 이상 전자책도 출간), 《새신자반》, 《성숙자반》, 《사명자반》, 《인간의 일생》, 《비전의 사람》, 《내게 있는 것》, 《참으로 신실하게》, 《매듭짓기》(이상 전자책과 오디오북 출간), 《믿음의 글들, 나의 고백》, 《아이에게 배우는 아빠》, 《말씀, 그리고 사색과 결단》(출간 중), 《목사, 그리고 목사직》, 요한복음 설교집 〈요한과 더불어〉(전10권), 로마서 설교집 〈이재철 목사의 로마서〉(전3권), 사도행전 설교집 〈사도행전 속으로〉(전15권), 단편 설교 시리즈를 엮은 《이재철의 메시지》가 있다. 이 책들은 사변적이고 이론적인 내용에 치우치지 않고 기독교 진리를 끊임없이 삶과 관련지어 '지성과 신앙과 삶'의 조화를 꾀한다. 또한 본질에 대한 깨달음과 실천을 강조하며 풀어내는 명료한 논리와 특유의 문체로 많은 독자들에게 사랑받고 있다. 《새신자반》은 몽골어와 베트남어로, 《청년아, 울더라도 뿌려야 한다》와 《비전의 사람》은 중국어로 출간되었다.

아이에게 배우는 아빠

A father who learns from children

지은이 이재철
펴낸곳 주식회사 홍성사
펴낸이 정애주
국효숙 김의연 박혜란 손상범
송민규 오민택 임영주 차길환

1995. 8. 5. 초판 1쇄 발행   1995. 10. 25. 초판 6쇄 발행
2001. 6. 15. 개정판 1쇄 발행
2021. 1. 26. 개정2판 1쇄 발행   2024. 6. 17. 개정2판 12쇄 발행

등록번호 제1-499호 1977. 8. 1.
주소 (04084) 서울시 마포구 양화진4길 3   전화 02) 333-5161   팩스 02) 333-5165
홈페이지 hongsungsa.com   이메일 hsbooks@hongsungsa.com
페이스북 facebook.com/hongsungsa
양화진책방 02) 333-5161

ISBN 978-89-365-1471-6 (03230)